IQ • EQ • CQ • SQ 발달을 돕는

레크리에이션 놀이지도

[영•유아 아동 및 사회복지사 지도서]

태학원

머리말

아이들에게 놀이는 유일하게 자신을 표현하는
수단이자 세상을 배우는 통로이다.

아이들의 사회성은 억지로 만들어지는 것이 아니며, 성장과정에서 자연스럽게 이루어져야 하는데, 그 해법이 바로 '놀이'에 있다. 흔히 '놀이'라고 하면 아무런 규칙 없이 무작정 노는 것만을 떠올린다. 하지만, 무작정 노는 놀이에서 교육적 효과를 기대하기가 어려우며, 특히 유아기 때의 놀이는 더욱 그렇다고 할 수 있다.

우리 엄마 아빠들이 어렸을 때를 떠올려보면, 혼자 놀 수 있는 놀이보다 누군가 함께 있어야만 가능한 놀이들이 많았다. 예를 들어, 여자아이들이 가장 많이 하던 고무줄놀이만 봐도 적어도 세 명 이상의 친구들이 있어야 놀 수 있었고, 남자 아이들이 자주하던 구슬치기 역시 단 한명의 친구라도 있어야 가능한 놀이였다. 이처럼 함께하는 놀이를 통해 자연스럽게 서로 어울리는 방법을 알게 되고, 다른 사람들을 이해하고 또 받아주는 일들 또한 놀이를 통해 자연스럽게 익힐 수 있었다.

그러나 요즘은 다양한 장난감과 영유아기 스마트폰 사용, 인터넷 게임 등으로 아이들이 혼자 시간을 즐기는 경우가 많아졌다. 그래서 상대를 이해하거나 배려하기는커녕 자신이 원하는 것만을 가지려고 하고 자신의 기분만을 생각할 뿐이다. '왕따' 혹은 '학교 폭력' 등과 같은 반사회성의 문제도 바로 여기서 시작된다고 할 수 있다. 따라서 무엇보다도 아이들에게 또래 친구나 이웃의 형, 누나들과 함께 놀이하는 즐거움을 느낄 수 있게 해주는 것은 우리 아이들의 밝고 건전한 미래 사회 위해 반드시 필요 하다.

아이들을 무작정 뛰어 놀게 하는 것보다는 규모 있게, 계획 있게, 그리고 알차게 놀 수 있는 프로그램을 제시해 주는 것이 매우 필요하며 전통적으로 조상들과 엄마 아빠 세대에서 즐겨 놀았던 놀이들을 새로운 놀이 프로그램과 함께 전수해 주려는 노력 또한 의식적으로 이루어져야 하겠다.

아이들은 온몸으로 놀아야 할 권리가 있다. 아이들은 온몸에 성장점이 퍼져 있어서 몸으로 느끼는 자극들이 건강한 성장과 발달을 다각도로 도와준다. 따라서 교사나 부모는 아이들이 놀이를 할 때 온몸으로 부딪히고 체험할 수 있도록 해주어야 한다. 아이들은 놀이를 통해 자신의 모든 능력을 발휘하고 독립심과 창의력, 호기심, 문제해결력을 키워낸다.

아이들에게 학습을 시켜야한다는 부담감에서 벗어나 놀이를 함께 즐기는 것을 통해 정서적 순화는 물론 스트레스를 해소해보는 경험이 필요하다. 아이들은 놀이를 통해 자연스럽게 리더 역할을 경험하고, 또 놀이를 이끌어가는 사람을 도와주는 역할도 경험할 수 있으므로 이는 매우 중요한 경험이라 하겠다.

아이들의 생활과 교육의 일부인 놀이를 좀 더 확장시키고, 여러 사람과 공유하자는 의미에서 본 레크리에이션 지도서를 만들게 되었다. 특히, 유아 및 아동 교육 현장의 교사나 사회단체의 리더 등 다양한 분야의 지도자 들이 쉽게 활용할 수 있도록 본서는 프로그램의 실제부분에 중점을 두었다.

제 1장에서는 레크리에이션에 대한 전반적인 이해를 할 수 있도록 기술하였다. 저자가 유아교육기관과 대학에서 교사교육을 위한 자료로 많이 활용하면서 실제로 아이들의 눈망울을 반짝이게 해주었던 제 2장 주의집중 손유희 부분과 제 3장 놀이와 게임지도 부분은 이해를 돕기 위하여 도안과 사진자료를 가급적 많이 첨부하였다. 제 4장 유아요가와 율동 부분은 심신을 단련시키는 동작에 중점을 두었으며, 아이들이 좋아하는 노래에 맞추어 평소 교육활동과 운동회 때 체조 율동으로 진행하면 도움이 될 것이다. 제 5장 부모와 영아를 위한 놀이부분은 아버지교육에 중점을 두어 가정에서 짧은 짜투리 시간이라도 아이와 행복하게 보낼 수 있는 놀이를 안내해줄 수 있도록 하였다. 제 6장 포크댄스 및 레크댄스, 제 7장 분위기조성 게임과 넌센스 퀴즈는 기관에서 많은 사람들을 대상으로 공동체 활동이 필요할 때 일체감 조성을 위한 레크레이션 프로그램으로 유익하게 쓰이길 바라는 마음이다. 부록으로 실은 제스쳐 카드는 복사하여 링 카드에 붙여서 활용하면 휴대하기 간편한 훌륭한 자료가 될 것이다.

아무쪼록 본 레크리에이션 지도서를 통하여 나와 우리 주변, 우리 사회, 나아가 우리 지구가 좀 더 밝고 명랑하게 변화할 수 있도록 노력하는 예비 교사와 열정 리더들에게 조금이나 도움이 되시길 바라는 마음이다. 마지막으로 본서를 출판하기까지 많은 도움을 주신 태학원 사장님과 수고해주신 관계자 분들께 감사함을 전합니다. 나눔과 열정을 위하여!!

2014년 1월

모두가 행복한 따뜻한 세상을 위해

저자 남효순

차 례

제 1 장

놀이와 레크리에이션

1. 유아 놀이의 이해
2. 레크리에이션의 이해
3. 유아 레크리에이션

1. 유아 놀이의 이해

1) 놀이의 의미

현대의 부모들은 놀이의 중요성에 대해 인식하고 있음에도 불구하고 주변의 어떤 아이에 비하여 지적인 수준이 늦다고 생각되면 너무 놀기만 한다는 걱정이 먼저 앞서게 됩니다.

이러한 생각은 아직도 놀이를 학습과 별개의 것으로 생각하고 노는 것에 부정적인 인식을 가지고 있기 때문입니다. 놀이가 아이들에게 얼마나 중요하고 또 얼마나 필요한 것인지는 아이들이 노는 모습을 유심히 관찰해 보면 알 수 있습니다.

만약 누군가가 억지로 놀이를 하게 했다면 아이들은 진정한 즐거움을 느낄 수 없을 것입니다. 노는 어린이들은 누구의 지시에 의해서가 아니고 자발적으로 놀이에 적극적으로 참여하며 이는 외적인 목적이 있다기보다는 노는 과정 자체가 중요하기 때문에 눈에 보이는 결과물이 없는 경우가 많습니다. 그래서 부모들은 흔히 놀이의 중요성을 인식하지 못하기도 합니다. 하지만 성인의 입장에서 사소하고 가치 없어 보이는 행동들일지라도 아이들은 놀이를 통해 여러 가지 사실들을 깨달으며 점차 자라가는 것입니다.

놀이를 통해 신체를 발달시키고, 또래친구와의 상호작용에 필요한 기술을 배우며, 주변 환경에 대해 배우게 됩니다. 또한 기쁨, 슬픔, 공포, 분노 등 모든 감정을 표출하게 되므로 정서적으로 순화가 됩니다.

곧, 놀이는 발달과 학습이 일어나는 기회가 된다고 할 수 있습니다.

영 · 유아기 놀이교육은 인생의 보물창고를 만들어주는 일입니다

2) 놀이의 본질적인 특성

유아들이 자발적으로 선택하여 참여한 놀이 활동은 가장 가치 있는 학습경험이다. 유아들은 놀면서 자기 스스로를 발견하게 되고, 다른 사람들과의 상호작용을 통하여 상대방을 인식하고, 자신에게 적합한 역할들을 재창조할 뿐 아니라 조정하는 새로운 방법들을 발견해 간다.

(1) 놀이는 내적으로 동기화 되어있다.

(2) 참여자가 자유스럽게 선택해야만 한다.

(3) 놀이는 기쁨과 즐거움과 같은 긍정적인 정서가 바탕이 된다.
(4) 유아놀이는 상징적이며 비사실적이다.
(5) 놀이는 스스로 결정하고 지배하며 놀이자가 적극적으로 참여한다.

3) 유아 놀이의 의의

놀이에 대한 학자별 정의는 다음과 같다.

(1) "놀이란 유아들이 즐겁게 참여하는 활동이며 자기 스스로 추구하는 활동이며 마음속에 어떤 목적을 두지 않는 활동이다" - 듀이
(2) 놀이를 통하여 자연적인 발달 즉, 유아의 독특한 개성이 이루어진다. - 프뢰벨
(3) "유아는 놀이를 하면서 동화와 조절, 불균형, 평형화 상태를 거치면서 발달하기 때문에 인지발달을 촉진시키고, 유아세계의 지식을 구성 해주는 도구가 된다. - 피아제
(4) "어린이의 놀이는 자연스런 작업(occupation)이며, 그 어떤 다른 것도 아니다" 즉, 놀이를 통하여 자연적 본능을 발달시키는 것이 중요하다. - 루소
(5) 유아들은 놀면서 참여하는 활동에는 비교적 오래 참여한다.
(6) 미술, 음악과 운동교육은 보다 쉽게 놀이의 방식을 적용할 수 있다.
(7) 유아의 자발적 활동으로서의 놀이는 주변세계와 관련된 지식, 기능, 태도 등을 학습하게 할 뿐 아니라 지적, 사회적, 신체적 발달에 큰 영향을 미친다.
(8) 어린이의 일은 곧 놀이이며 놀이는 곧 일이다.
놀이는 일방적인 목적을 구하지 않고 활동 그 자체만을 즐기는 행위이다.

2. 레크리에이션의 이해

1) 어원의 유래

recreation이라는 용어는 문예 부흥기에 인간개조의 필요성을 부르짖었던 인문주의자들의 golden philosphy에서 이루어진 용어로서 그 뜻은 '여가를 위해서 마련된 활동' 혹은 '건전한 여가활용'을 의미한다.

이 용어는 1911년 미국의 레크리에이션 운동을 장려한 바 있던 단체의 명칭으로 사용된 적도 있으며 1914년 Gillin이 사회학 논문에서 발표 사용하였고, 1932년 미국

Los-Angeles시에서 제1회 세계 레크리에이션 회의가 개최되자 레크리에이션 운동이 처음으로 세계 각국의 이목을 끌게 되어 현재는 Recreation이란 용어가 하나의 국제적 용어로서 사용되고 있는 것이다.

2) 용어의 해설

레크리에이션(recreation)이라는 단어는 라틴어의 '레크레싸오(recreatio)'에서 시작하여 '리크리에이트(recreate)'로 된 것인데 이를 발음별로 분류하면 두 가지 뜻이 있다.

- 리-크리에이션(re-creation) : 개조, 재창조, 새롭게 만든다(making anew)
- 레크리에이션(recre-ation) : 오락, 유희, 소창, 위안, 취미, 휴양, 기분전환
- 레크리에이션은 성취한 어떤 결과보다도 현재 활동을 하고 있는 그 자체에 흥미를 가지는 것에 의미가 있다. 즉, 참다운 레크리에이션의 요소는 최종적인 결과보다도 어떠한 활동을 하고 있는 그 자체에 있는 것이다(Butler). 진정한 레크리에이션은 참여자의 동기에 의해 좌우되는 것이며, 여가 중에 행하는 활동으로서 개인적으로나 사회적으로 수긍할 수 있는 자발적인 활동이라는 것을 그 핵심으로 한다.

3) RECREATION의 단어를 이용한 본질

단어를 이용하여 recreation의 본질을 설명하면 다음과 같다.

- R : Restoration(회복)

  능률적으로 일을 수행하기 위해 원기를 회복하거나 쉬는 활동으로 이해하기도 한다. 그러나 레크리에이션을 통해 일에서 얻을 수 없는 경험을 체험하고 삶의 즐거움과 자아실현의 기회를 갖는다고 볼 때, 레크리에이션을 일을 위한 기능적 시각에서만 보는 것은 편협하다고 할 수 있겠다.
- E : Enjoyment(즐거움)

  즐거움은 레크리에이션 참가와 불참의 결정적 요인으로 작용한다. 레크리에이션 활동에 참가하며 활동 그 자체에 몰입하는 모든 활동이 즐거움을 제공할 수 있을 것이다.
- C : Constructiveness(건설적인)

  사회적으로 용납되며 건설적인 활동이 기본조건이다. 즉, 개인의 발전과 사회에 유익한 여가 활동으로 한정된다는 것이다.

- R : Result(결과)

  레크리에이션은 개인과 사회 전반에 긍정적인 영향을 미치는 결과를 가져온다. 사회 전반으로는 범죄를 예방하거나 줄일 수 있는 효과를 간과해서는 안 된다.

- E : Experience(경험)

  참가자가 프로그램 참가를 통해 인지하게 되는 경험이다. 즉, 활동 그 자체가 레크리에이션이 될 수 없으며, 참가자의 마음 상태에 따라 그 활동이 레크리에이션인지 아닌지를 인지되는 것이다.

- A : Activity(활동)

  레크리에이션은 활동이며, 비활동적 행위는 포함되지 않는다. 예를 들어, 낮잠과 같은 비활동적인 행위는 레크리에이션이라 할 수 없다.

- T : Time(시간)

  일과 생활 필수적인 시간을 제외한 시간에 이루어지는 활동이다.

- I : Instrinsic Motivation(내적 동기)

  동기에 따라 레크리에이션인지 일인지 구분된다. 즉, 동기에 따라 어떤 사람에게는 레크리에이션이 될 수 있고, 다른 어떤 사람에게는 일이 될 수도 있다. 따라서 참가자들이 유능감을 느끼고 몰입할 수 있는 기회를 제공해야 한다.

- O : Organization(조직)

  사회적 목적을 이루기 위한 조직화된 활동이다. 즉, 레크리에이션은 사회적 현상(Social phenomenon)이다.

- N : Nonwork Activity(생계 수단 이외의 활동)

  생계유지를 위한 일과 상반된 개념이다. 자유감이나 내적동기를 일하는 동안 높게 느꼈다고 해도 의무적으로 해야 하는 근무시간은 레크리에이션이라 할 수 없다.

4) 레크리에이션 종목의 분류

레크리에이션의 영역은 다양한 형태로 분류할 수 있으며 분류자에 따라 여러 가지 형태로 나눌 수 있다. 활동의 내용이나 주요특성에 따라 분류하면 다음과 같다.

(1) 지적 레크리에이션(Intellectual Recreation)

독서, 서예, 퍼즐, 탐구수집, 창작활동, 문답풀이, 시 낭독, 연설, 웅변, 채집, 퀴즈(quiz)게임, 알아맞히기

(2) 신체적 레크리에이션(Physical Recreation)

스포츠 활동, 등산, 피크닉, 하이킹, 오리엔티어링 골프, 에어로빅, 소풍, 수렵,

수영, 게이트볼 등

(3) 사회적 레크리에이션(Social Recreation)

게임, 클럽활동, 봉사활동, 포크댄스, 캠프, 축제, 봉사활동, 복지사업

(4) 예능적 레크리에이션(Artistical Recreation)

수예공작, 미술공작, 음악, 연극, 영화감상, 재봉, 문학, 인형극 등

(5) 관광적 레크리에이션(Travel Recreation)

관광, 명승지순례, 여행, 고적답사, 단풍놀이, 해수욕, 벚꽃놀이 등

(6) 취미 레크리에이션(Taste & cultural Activity Recreation)

장기, 뜨개질, 꽃꽂이, 당구, 바둑, 동호인 모임활동, 수집, 사진술, 카드놀이, 연날리기, 도자기 만들기 등

(7) 영적 레크리에이션(Spiritual Recreation)

성경퀴즈, 성경올림픽, 기도회, 각종의식, 성경암송, 찬송가 경연대회, 예배 등.

레크리에이션 대상, 장소, 목적에 따른 분류
유아 레크리에이션, 청소년 레크리에이션, 성인 레크리에이션,
노인 레크리에이션, 특수 장애아 레크리에이션, 지역사회 레크리에이션,
직장 레크리에이션, 치료(교정) 레크리에이션

레크리에이션의 활동종목은 매우 다양하다. 여가시간에 하는 활동 중에서 건설적이고 교육적인 배려가 있으며, 무엇인가 목적적인 활동은 대부분 레크리에이션활동이라고 할 수 있다.

5) 레크리에이션의 본질적 요소

① 할 만한 가치가 있는 것(Worth-While)
② 사회적으로 용납되는 것 (Socially Accepted)
③ 레저를 선용하는 것(leisure)
④ 만족을 느낄 수 있는 것(Satisfaction)
⑤ 자발적으로 행하여지는 것(voluntary)

6) 레크리에이션의 역할

레크리에이션은 개인에게는 자기발견과 심신성장 뿐만 아니라 사회적으로도 문화 형성의 기초가 되며 건전한 사회 건설의 기회기 될 수 있으며 학습활동을 돕는데도 큰 도움이 된다. 특히 다음의 다섯 가지 필수요소를 바탕으로 그 역할을 정리하면 다음과 같다.

(1) 기분전환(Relaxation)

심신의 긴장을 풀어주고 스트레스를 해소시켜준다.

(2) 친교(Friendship)

사회적 동물인 인간은 상호관계를 맺으며 살아가는 것이 중요하다. 명랑한 인간 관계를 형성하는 계기로 레크리에이션은 중요한 역할을 한다.

(3) 창조(Creation)

무엇인가 만들고 이루는 가운데 참다운 기쁨과 성취감을 맛보며 삶에 대한 자신감을 갖게 된다.

(4) 공동체 의식(Service)

서로 도와주고 이해하여 하나가되는 공동체의식은 마음에 참다운 평화를 가져오게 할 것이다.

(5) 인간관계 형성(Human-relation)

레크리에이션 활동을 통해 새로운 관계를 형성하고 상호작용 함으로써 '관계속의 인간'의 의미를 재발견 할 수 있다.

7) 레크리에이션의 효과

레크리에이션 활동이 이루어졌을 때 그 결과로 나타나는 보람이나 가치를 가리켜 레크리에이션의 효과라 한다.

(1) 피로 회복을 통한 건강 효과

피로를 푸는 방법으로 휴식이나 영양공급, 적당한 운동 등이 있겠지만 현대 사회의 노동 형태는 극히 일부분을 제외하고는 못 견딜 정도의 피로감을 주는 중노동은 별로 업다. 오히려 단순 노동, 또는 정신 집중을 필요로 하는 노동 형태가 일반적이다. 적당한 신체적 움직임을 수반한 레크리에이션 활동은 신경계의 피로 회복은 물론 호르몬의 조화를 바로 찾는 데도 효과적이다.

(2) 신체적인 건강효과

다양한 레크리에이션 활동에 즐겁게 참여함으로써 운동부족 현상을 자연스럽게 벗어나고, 적당한 피로에 의해 얻어지는 체력향상과 건강효과는 레크리에이션 활동에서 기대되는 중요한 효과이다.

(3) 정신적인 건강효과

마음의 안정은 곧 마음의 건강으로 연결된다. 생활에서 오는 많은 제약에서 벗어나 즐거운 레크리에이션 활동에 참여한 사람들은 정신적으로 편안한 느낌은 물론 마음의 안정을 찾게 된다. 소위 현대병이라 불리는 노이로제, 신경성 위장질환 등도 마음의 건강 활동을 통해 예방과 치료를 할 수 있다.

(4) 사회적인 건강효과

순수한 마음에서 노래하고 대화하며 몸을 움직이며 즐기는 레크리에이션 활동은 쉽게 기분과 감정의 변화를 유도 할 수 있기 때문에 인간관계의 효과를 기대할 수 있다. 뿐만 아니라, 즐겁고 유익한 집단 활동으로서의 레크리에이션을 통하여 상호간의 자연스러운 교류는 물론 범죄 예방과도 연결되어 사회적으로 명예로운 시민을 육성하는데 공헌한다.

(5) 지적인 건강효과

풍요로운 인생을 위해서는 지적인 면에서 볼 때 지식의 획득도 필요하지만, 보다 중요한 것은 지성의 획득에 있다. 즉 레크리에이션을 통해 삶의 신선한 체험과 더불어 인간적인 아름다움을 재창조해 나가는 즐거움을 기대할 수 있다.

(6) 예술적인 건강효과

레크리에이션의 가치는 창조하는데 보다 큰 가치가 있다. 그 가치는 자기표현의 이상적인 모습이며, 완성을 향하는 즐거운 노력이라 할 수 있다. 레크리에이션 활동 에는 무용, 미술, 연극, 영화, 공작 활동과 같이 예술을 창작하는데서 기쁨을 얻는 활동들이 있다.

8) 레크리에이션 프로그램 지도요령

(1) 프로그램 진행에 앞서 즐거운 노래나 스트레칭을 하도록 한다.

노래를 유도하거나, 녹음 반주에 맞춰서 노래나 스트레칭을 함으로써 분위기를 고조시킨다.

(2) 정확한 시간에 시작하고 정확한 시간에 끝낸다.

지도자는 미리 준비 상황을 점검하고, 정확한 시간에 시작해서 다음 시간에 지장이 없도록 끝낸다.

(3) 지도자는 첫인상이 곧 마지막 인상이다.

- 대상에 맞는 행동과 옷차림
- 유머러스한 인사말.
- 부드러운 표정과 자신 있는 행동

(4) 지도자는 대상과 가까울수록 좋다. (바디존)

대상들이 지도자의 목소리를 잘 들을 수 있고, 잘 볼 수 있도록 탁자 등을 없애는 것이 효과적이다.

(5) 게임은 쉬운 것부터 시작하여 어려운 것으로 연결한다.

- 처음은 박수로 시작한다.
- 스스로 행동해 보고 웃을 수 있는 게임을 시도한다.
- 신체 접촉을 통해 전체가 참여할 수 있도록 유도한다.

(6) 게임 설명은 간단 명료하게 한다.

- 장황한 설명은 오히려 분위기를 망친다.
- 직접 시범을 보여 주며 동작은 크고 확실하게 한다.
- 설명은 존댓말로 하고 동작 요구는 명령조로 한다.

예) "고개를 돌려주시기 바랍니다." → "고개 돌렷"

(7) 동작이나 노래를 요구할 때 [준비]와 [시작]을 잊지 말자

여러 사람이 손뼉을 치거나 노래를 부를 때는 [준비, 시작]이라는 신호를 해서 행동이 통일되도록 한다.

(8) 합창을 할 때에는 첫 음정을 잡아주자

여러 사람이 노래를 부를 때에는 첫 음정을 잡아주지 않으면 음정이 틀리기 쉽다. 그러므로 지도자는 첫 소절을 부른 후에 시작한다.

예) "나의 살~던, 하나 둘 셋 넷"
"동구 밖 하나 둘 셋"

(9) 노래를 부를 때에는 손뼉이나 율동을 병행한다.

악보가 없이 노래를 부르면 시선을 어디에 두어야 할지 난감하다. 이 때 박수나 율동을 활용하면 자연스러운 분위기와 함께 참여 열의도 높아진다.

(10) 신체 접촉(Skin Ship)을 유도한다.

대상들은 처음에는 수줍어하거나 멋쩍어서 뒤로 빠지려는 습성이 있다. 이때에는 옆 사람과 안마하고, 간지르고, 주무르면서 서로의 벽을 없앤다.

파트너 게임이나 합창을 할 때에도 신체 접촉을 통한 안마 놀이나 전달 박수를 하게 하면 분위기가 금방 무르익게 된다.

(11) 협조자를 활용한다.

게임 중간에 대상들 중에서 재미있는 사람에게 도움을 청하여 시범을 유도하며 참여 의식을 높인다.

(12) 팀끼리 경쟁심을 불러일으키도록 유도한다.

팀을 둘 내지 네 팀으로 나누어 경쟁시키면 모든 팀들은 열심히 잘 따라온다.

(13) 참여 기회를 균등하게 한다.

신체장애자, 정신박약아, 노인, 대머리 등을 파악하여 신체적 약점 등에 관한 말을 하지 않도록 하고, 이들도 참여할 수 있도록 정당한 기회를 제공하여 소외감을 느끼지 않도록 한다.

(14) 다음 게임과의 연결을 매끄럽게 한다.

항상 유머와 위트를 가미하여 다음 게임과의 연결 부분을 매끄럽게 하고, 어이없는 웃음과 쓴웃음이 되지 않고 진정으로 재미있고 즐거운 웃음이 되도록 유도한다.

(15) 어떠한 경우라도 얼굴을 붉히거나 성질을 내서는 안 된다.

진행 중에 마이크의 결함이나 야유 등으로 진행에 차질을 빚을 수가 있다. 이럴 때는 얼굴을 붉히거나 화를 내지 말고 임기응변으로 대처해 나간다.

여러 명이 하는 게임이므로 의견 통일이 안 될 때도 있다. 이런 때는 대상들과 의논하여 진행하는 민주적인 자세를 길러 시간이 좀 걸리더라고 보다 효과적인 운영이 되도록 한다.

(16) 재미없는 게임은 즉시 바꾼다.

대상들이 어려워하거나 모르는 게임이나 노래를 시도해서 진행에 어려움을 느낄 땐 즉시 모두가 아는 쉬운 게임으로 전환하는 것이 좋다.

(17) 놀이를 마칠 때에는 정적인 분위기로 유도한다.

조용한 노래를 부른다든지 레크리에이션 활동으로 느낄 수 있었던 효과를 언급해 주면서 다음 프로그램의 연결에 무리가 없도록 한다.

(18) 프로그램이 끝난 후 자료 정리에 힘쓴다.

프로그램이 끝나면 자체 평가로 반성과 개선점을 모색하여, 자료 정리에 힘써 대상들에게 중복되는 게임이 없도록 한다. 항상 프로그램에 도움이 되는 게임소재, 유머, 유행어, 일반 시사상식 등을 메모하여 활용하는 습관을 기르자.

3. 유아 레크리에이션

1) 유아 레크리에이션의 의의

레크리에이션을 한마디로 정의하면 "일상생활에서 받는 긴장감과 스트레스를 풀고 기분을 전환하기 위하여 여가 시간에 행하는 건전하고 만족스러운 활동"이라고 할 수 있다. 놀이를 통해 세상을 배워나가는 유아들에게도 집단생활 속에서 발생하는 여러 가지 스트레스와 불만족을 즐거운 레크리에이션에 참여하면서 감정을 순화 시킬 수 있을 것이다. 유아들에게 레크리에이션 참여는 다음과 같은 효과가 있다.

(1) 심신의 긴장과 스트레스를 해소 시켜 준다.
(2) 놀이를 통해 성취감을 느끼며 자발적 의지를 갖게 한다.
(3) 신체적 활동의 교류를 통해 마음이 열리고 놀이 친구들과 함께 결속하는 공동체 의식이 증진된다.

2) 유아 레크리에이션 지도자

유아들을 대상으로 레크리에이션을 진행하려면 유아의 발달 특성과 심리에 대한 기본적인 이해를 바탕으로 유아의 발달수준에 적합한 프로그램을 진행 할 수 있는 전문적인 지식과 기술이 필요하다. 유아 레크리에이션 지도자는 다음의 사항을 유념 하여야 한다.

(1) 프로그램 진행에 대한 순발력과 유연함

유아들이 재미 없어하거나 컨티션이 좋지 않을 때는 즉시 순발력과 유연성으로 진행기술에 변화를 주어야 한다.

(2) 유아들의 의견에 수용적인 태도

유아들의 인격을 존중하는 태도를 보이고 호의적인 반응을 보여주는 것이 중요하다.

(3) 활력 넘치는 표정과 유머와 재치

유아들에게 생기를 더해주고 활기를 불어넣어주는 역할을 해야 한다. 따라서 생동감 넘치고 활력 넘치는 표정과 유머와 재치를 발휘하여 분위기를 즐겁게 이끌어 갈 수 있어야 한다.

(4) 유아들의 발달수준에 대한 이해

유아들은 연령에 따라 신체 및 운동기능의 발달 수준과 이해력에 차이가 크다. 따라서 지도자는 유아의 발달 수준에 맞는 프로그램을 계획하고 평가하여 유아들이 쉽게 즐길 수 있는 프로그램을 운영하여야 한다.

3) 유아 레크리에이션 진행 시 유의점

(1) 프로그램 진행 전 산만한 분위기는 즐거운 노래나 손유희, 박수게임 등을 유도하여 분위기를 조성한다.

(2) 경쟁이 아닌 협력하는 것에 중점을 두도록 한다. 지나친 경쟁은 유아들에게 우월감, 혹은 패배감을 줄 수 있으므로 협력을 통해 상대방을 배려하는 마음을 길러 주도록 한다.

(3) 진행 시 모든 아이들이 잘 볼 수 있는 위치에서 진행하고 아이들에게 시선을 골고루 보내어 소외감을 느끼지 않도록 한다.

(4) 모든 아이들에게 참여의 기회를 균등하게 제공하여 방관자가 생기지 않도록 해야 한다.

(5) 팀 대항 시에는 이긴 팀만 선물을 주거나 칭찬하는 것이 나니라 각 팀 마다 잘한 점들을 골고루 칭찬하도록 한다.

(6) 설명은 가급적 짧게 하고 말로 하기 보다는 시범을 통해 유아들이 쉽게 이해하도록 한다.

(7) 쉬운 것에서 어려운 것으로 난이도를 단계적으로 높여서 유아들이 놀이를 통한 도전과제를 자연스럽게 성취할 수 있도록 유도한다.

제 2 장

손유희와 박수놀이

1. 손유희의 교육적 활용

1) 손유희의 정의

손유희란 글자 그대로 손을 통해 움직이는 모든 동작에 리듬을 살려 예쁘게 표현하는 표현 동작을 말한다.

손과 손가락의 움직이는 모양에 따라 새, 집, 꽃 등을 여러 가지 형태로 마음껏 표현 할 수 있다는 것은 우리 몸에서 오직 손만이 할 수 있는 특권이다.

특히, 여러 사람이 모여 있는 강의시간(수업시간), 예배 시간에 주의를 집중 시키고 분위기를 조성하는데 가장 효과적인 방법의 하나가 손유희라 하겠다.

손동작 혹은 손유희는 1804년 프뢰벨의 유치원 때부터 유아 교육 현장에서 사용되어지고 있는 활동으로 언어, 동작, 음악적 요소가 일치되어 이루어지는 놀이로서 전승적 성격이 강하여 정확한 분류는 어려우나 대체로 얼굴놀이, 손 놀이, 몸 놀이, 노래놀이, 언어놀이 등 이라 불린다.

2) 손유희의 가치

손유희를 하는 목적은 유아들이 교육 활동 중에 분위기가 산만해지거나 몸이 뒤틀릴 때 주의 집중, 흥미 유발, 전이 활동 방법으로 쓰일 뿐만 아니라 손동작을 통하여 유아들에게 흥미롭고 쉽게 많은 사물을 이해시키고 여러 가지 개념 형성을 도와주어서 인지 기능의 기초를 다져주는 데 있다.

유아들은 아직 두뇌 발달이 미분화 되어 있어서 언어 이해 및 사용 능력, 기억하는 능력, 지각 능력, 논리적 사고 능력의 한계로 추상적 사고의 개념화는 어려운 시기이다. 이러한 발달적 한계에 있는 유아들에게 인지 기능의 기초를 다져주기 위해서 여러 가지 교육 내용이나 학습 방법을 모색해 볼 수 있는데 그 중 하나의 방법으로서 손동작은 신체 발달을 도모할 뿐만 아니라 유아들이 교육 내용을 이해하는데 있어서 흥미롭고 쉽게 접근하도록 도와주는 언어적 전달 매체로서의 교육적 가치를 지닌다.

소근육을 사용한 손동작과 언어 구사력을 모방하면서 따라하는 과정에서 뇌 안에 있는 신경 세포에 자극을 주어 두뇌 발달을 촉진시켜 학습 능력, 주의 집중력과 기억하는 능력을 길러주는 데 도움을 줄 수도 있다. 또한, 손동작을 통하여 새로운 사실을 쉽고 흥미롭게 알게 되는 과정에서 얻게 되는 만족감과 유능감은 정서적 순화를 가져다 주어서 유아의 생각과 느낌을 스스로 창출해 내는 기초를 제공해 줄 수도 있는 것이다.

3) 손유희의 지도 방법

- 처음에는 교사가 하는 찬트나 노랫말을 따라하도록 하며 거기에 맞춰서 손동작을 해본다.
- 목소리 음색을 달리해서 크고 작은 소리, 높고 낮은 소리, 부드럽고 강한 소리 등 여러 가지로 내보면서 손동작을 해본다.
- 어느 정도 익숙해지면 교사는 언어적 찬트를 제공해 주고 유아는 손동작을 해본다.
- 교사는 입만 벙긋하고 유아만 소리 내어 언어적 찬트를 하면서 손동작을 해본다.
- 교사는 전달할 교육 내용을 먼저 파악해 보고 교사가 처음부터 동작 모델을 제시하지 않아도 유아들이 스스로 표현이 가능한 내용이면 교사는 언어적 찬트만 제공해 주고 유아들의 동작 반응을 살펴본다. 그러한 과정에서 유아들이 어떤 사물이나 사건의 특징을 이해하고 있는가 관찰해 본다.
- 교사 자신이 사전에 자신 있게 지도할 수 있도록 손동작의 내용을 완전히 익히고, 재미있게 전개해 나갈 수 있는 동작과 언어 리듬을 모색해서 전달해 나갈 때 유아와 동화되어 즐거움을 지속시킬 수 있다.
- 손동작의 내용을 다른 영역의 활동과 연관을 맺어서 변화 및 확장시킬 수 있도록 모색해 본다.

4) 손유희의 교육적 효과

- 인지 발달과 몸의 표현을 익힐 수 있다.
- 재미있는 표정을 나타낼 수 있다.
- 여러 가지 소리를 흉내 낼 수 있다.
- 빠르고 느리게, 강하고 약하게 낱말과 풀이말에서 주는 느낌을 잘 표현 할 수 있다.
- 동화구연을 할 때 보다 쉽고 잘 기억할 수 있는 준비를 하게 한다.

5) 동작표현의 여러 가지 방법

- 음악을 들으면서 그 음에 맞게 하나하나 동작표현하기

  예 작은 별 노래를 부르면서 반짝반짝 별을 표현해 본다.
- 노래를 직접 부르며 가사를 생각하며 동작표현하기

  예 산토끼 노래를 부르면서 토끼가 뛰는 모습을 동작으로 표현해 본다.

- 눈으로 사물을 보면서 직접 동작표현하기
  예 새, 호랑이, 병아리.....
- 귀로 이야기를 들으며 생각하는 느낌을 동작으로 표현해 본다.
  예 나비가 훨훨 난다.
  오리가 뒤뚱뒤뚱 걸어간다.

6) 손유희 구연동화

'손유희 구연동화'는 동화에 손의 표현 활동을 첨가한 동화구연의 새로운 형태이다. 고대 그리스의 위대한 철학자 아낙사고라스(Anaxagoras B. C. 428)는 '인간이 동물 중에서 가장 예지적(叡智的)일 수 있는 것은 손을 가졌기 때문이다'라고 했다. 손의 움직임은 감각훈련과 표현기능 및 지적 발달을 돕기 때문에 손을 가진 사람만이 문명을 창조할 수 있었던 점을 지적한 말이다.

이러한 손유희를 구연동화와 접목시켜 정신적 예지와 신체적 기능을 배가 시킬 수 있는 손유희 구연동화는 일거양득의 효과를 기대할 수 있는 중요한 교육영역이다.

특히, 주의를 집중시키고 분위기를 조성하는데 가장 효과적인 방법의 하나가 손유희이기 때문에 손유희 구연동화는 어린이들의 언어 습득과 언어의 상호교환, 나아가 언어적인 표현과 신체 활동을 통해 함께 느껴보는 어린이들의 재능을 돕는 중요한 표현놀이다.

■ 손유희 구연동화의 교육적인 효과

- 손유희를 통해 자신의 생각을 마음껏 표현하는 표현능력을 길러준다.
- 표현 활동을 통해 자신감을 심어준다.
- 동작을 통해 새로운 감각과 상상력을 높여준다.
- 생각과 사고를 통해 지적인 발달을 높여준다.
- 이야기를 극대화함으로써 언어 발달을 촉진시키다.
- 새로운 동작을 개발하여 표현해 봄으로써 창의성을 높여준다.
- 여럿이 활동 할 수 있으므로 사회성을 발달시킨다.
- 어린이들의 언어를 상호 교환하거나 언어 습득에 필요한 교육활동이다.

■ 효과적인 도입을 위한 손유희 구연동화

- 먼저 구연동화를 재미있게 들려준다.
- 손유희의 내용(가사)을 노래나 리듬을 곁들여 이야기 식으로 들려주고 구연자가

손유희를 끝까지 한 번 해본다.

- 손유희 구연동화를 아이들과 함께 두세 번 반복 후 자연스럽게 연결하여 구연동화로 꾸며본다.

손유희 장갑 만들기

유아들의 주의집중을 더욱 효과적으로 진행하기 위해 다양한 손유희 장갑을 만들어 보세요!

- 준비물 : 면장갑(부드러운 재질), 펠트 혹은 얇은 부직포 천(색깔별), 글루건, 인형 눈알(크기별)

손유희 장갑 샘플

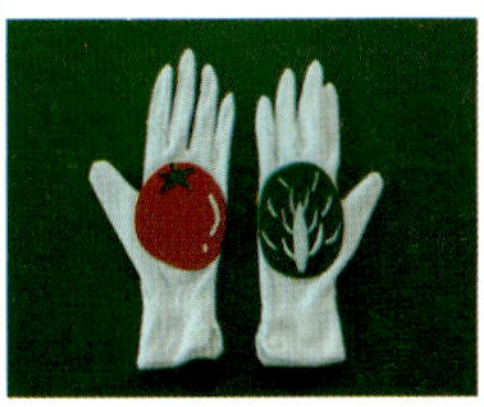	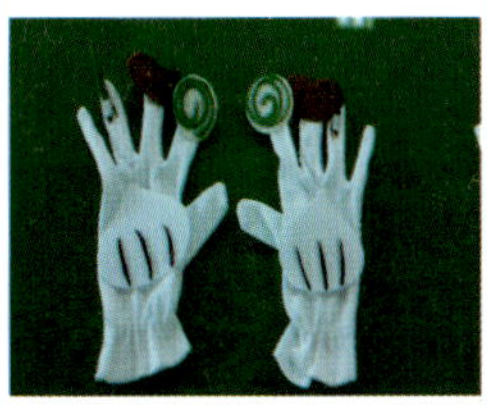		
채소들의 노래	만 두	싱글벙글	텔레토비
		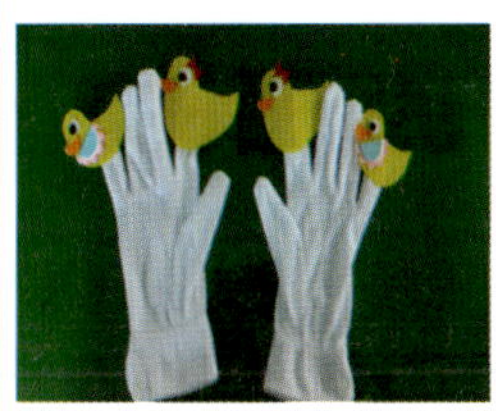	
코알라	피자 만들기	오리 소풍	라바
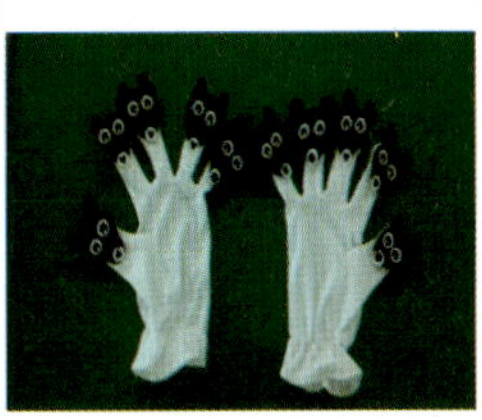	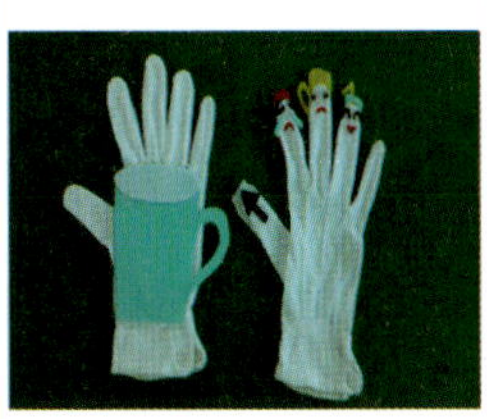		
쥐가 한마리	예쁜 컵에	아기 돼지 삼형제	까치와 까마귀

♬ 가사에 맞추어 동작을 표현해보아요.

○△□ 공부

번호	가 사	표 현
1	네모 난 것 네모 난 것	양 검지로 네모를 크게 2번 그린다.
2	네모 난 것	양손 엄지와 검지로 맞대고 ㅁ를 만들어 좌우로 흔든다.
3	뭐가 있을까	손 이마대고 갸우뚱
4	유치원의 창문이	양손 바닥을 앞으로 향해 위 아래로 2번 내리고 옆으로 벌리기 2번 한다
5	네모 네모 낳지	1, 2 동작 연결
6	동그란 것 동그란 것	오른손. 왼손 차례로 ㅇ만들어 앞에서 돌린다.
7	뭐가 있을까	3과 동일
8	거울속의 내 얼굴	양손 펴 앞에서 크게 2번 돌린 후 , 양손 턱 밑에 모은다
9	동글. 동그랗지	6과 동일
10	세모 난 것 세모 난 것	양손 탑 세우기 ／＼ 오른쪽 2번 왼쪽 2번 한다
11	세모 난 것	양 엄지의 검지로 △ 만든다.
12	뭐가 있을까	3과 동일
13	할머니집 지붕이	지팡이는 집는 흉내 낸 후 머리 위로 크게 지붕만든다.
14	세모 세모 낳지	10. 11 동작 연결한다.

개구쟁이 원숭이

번호	가 사	표 현
1	원숭이 한마리	오른손 검지 손가락을 앞으로 흔들어준다.
2	침대위에서	양 검지 손가락으로 ㅁ 만들기한다.
3	폴짝폴짝 뛰다가 떨어졌다네	왼손 바닥 펴고 오른손 검지 손가락으로 바닥 찍기 계속하고 펼친다.
4	머리가 깨져서	양손으로 머리 둥글리기 한다.
5	엉엉 울다가	양손 눈물 닦기
6	헐레벌떡 병원으로 달려갔더니	양어깨 크게 4번 들고 달리는 흉내 낸다.
7	의사 하시는 말	양 주먹 귀에 대고 가볍게 비빈다.
8	침대위에서	2와 같음
9	폴짝폴짝 뛰니까	3과 같은
10	머리가 깨지지	4와 같음

색종이 접기

번호	가 사	표 현
1	색종이를 접어	양 검지 손가락으로 얼굴 앞에서 ㅁ를 그린다.
2	무얼 만들까	오른 검지 이마에 대고 갸우뚱거린다.
3	노랑, 파랑, 빨강	양손가락 차례로 접기 한다.
4	분홍색종이	1과 같음
5	1) 하하하 웃는 곰 2) 나풀나풀 춤추는 3) 꽥 꽥 꽥 엄마찾는	1) 얼굴 앞에서 양손 펴 흔든다. 2) 양손 벌려 나풀거린다. 3) 양손 턱 밑에 대고 오리흉내
6	1) 아기 곰을 만들어 2) 예쁜 나비 만들어 3) 아기오리 만들어	1) 양손 배 앞에 내밀고 뒤뚱한다. 2) 양손 한 번씩 반짝거리며 나비춤 3) 오리 모습
7	엄마에게 보여드리고 (아빠에게 보여드리고 동생에게 선물주고)	양손 차례로 가슴에 포갠다.
8	으쓱 으쓱	어깨 추스르기 2회 한다.

예쁜 꿈

번호	가 사	표 현
1	졸졸졸 흐르는	양손 오른쪽 올려 물 흐르듯이 버리고 왼쪽 반복한다.
2	시냇물 가에	양손 몸 앞에서 물 흐르게 좌우로 빨리 움직인다.
3	예쁜 꽃 예쁘게	양손 오른쪽에서 2번 반짝이고 왼쪽에서 2번 반짝인다.
4	꿈을 꾸어요	양손모아 오른뺨에 대고 자는 흉내 낸다.
5	파란 꽃은 파란 꿈을	오른손 밑에서 위로 반짝거리며 올린 후 양손을 모아 자는 흉내 낸다.
6	노란꽃 노란꿈	5와 같음 왼쪽으로 반복
7	예쁜 나는 엄마꿈을	양손 차례로 가슴에 포갠 후 양 검지 차례로 앞으로 내민다.
8	아빠 꿈을 꾸어요	양손 차례로 엄지 내민 후 손뼉 3회 친다.

누구세요

번호	가 사	설 명
1	누구세요. 똑똑똑	양손 오른쪽 귀에 댄 후 오른손 등을 왼 손으로 3번 두드린다.
2	나의 창을 두드리는 이	오른짝과 마주보고 양손 검지로 네모 크게 그린 후 양 주먹 두드리기 빨리한다.
3	누구세요 소곤소곤	양손 왼쪽 귀에 댄 후 양손 입에 모으고 손마디 움직인다.
4	속 싹이는 당신은	왼쪽 짝과 마주보고 양 검지 굴리 굴리 빨리 돌린 후 앞사람 가르킨다.
5	누구세요 쿵쿵쿵 내 마음을 두드리는 이	1, 2 같음
6	누구세요 살금살금 다가오는 당신은	3, 4 같음
7	날마다 당신은 잠든 내게 다가와	오른손 크게 돌려 펼치고 왼손 펼친 후 양손모아 왼 뺨에 댄다.
8	동화 속 왕자처럼 나를 깨우네	양손 깍지 끼고 오른 뺨 왼뺨에 큰 동작으로 돌려댄 후 깍지 턱에 대고 고개 끄덕인다.
9	나나나나나나나나나 나나나나나나나나	양손을 앞에서부터 천천히 흔들며 양옆으로 펼친다.
10	나나나나나나나나나 나나나나나나나나	9 동작을 반대로
11	나나나나나나나나나 나나나나나나나나	양손을 앞에서부터 천천히 흔들며 양옆으로 펼친다.
12	나나나나나나나나나 나나나나나나나나	10과 같음
13	누구세요 똑똑똑 / 누구세요 소곤소곤	1, 3과 같음
14	누구세요	양손 돌려 얼굴 밑에 받쳐댄다.

옛날 이야기

기본동작: 무릎 두 번 손뼉 두 번

번호	가 사	설 명
1	하얗게 눈 내리는 한겨울밤에	기본 +양 주먹 가슴 앞에서 떨기 좌우
2	아이들 옹기종기 모여 앉아서	기본 + 양손 턱밑에 대고 고개 들어주기
3	오늘도 할아버지 들려주시는	기본 + 수염 쓰다듬기
4	재미난 옛날얘기 기다립니다	기본 + 2)와 같음
5	옛날에 옛날에 한 마을에	기본 +오른 검지 앞으로 뻗기 2번
6	두 사람이 살았 더래요	기본 + 오른손 V 자 만들어 앞으로 2번 뻗기
7	한 사람은 마음씨 착하고	기본 + 옆 친구 머리 쓰다듬기
8	한 사람은 심술 궂대요	기본 + 옆 친구 옆구리 찌르기
9	겨울밤 자꾸자꾸 깊어만 가고	기본 + 신나게 어깨춤 춘다
10	이야긴 재미있게 이어지는데	기본 + 2) 같음
11	무서워 귀를 막고 안듣겠다던	기본 + 양손 펴 귀에 대고 빙글 빙글 돌린다.
12	막내는 구석에서 잠이듭니다	기본 + 손 모아 자는 모습

2. 손유희의 실제와 박수놀이

1. 싱글벙글

싱글 싱글 싱글 싱글 벙글 벙글 벙글 벙글
우리모두 고개돌려 샤~
싱글 싱글 싱글 싱글벙글 벙글 벙글 벙글
<u>옆친구와 인사하세요~(안녕하세요)</u>
싱글 랄랄라 벙글 싱글 벙글 야! (짝짝짝)
싱글 랄랄라 벙글 싱글 벙글 야! (짝짝짝)

·· 응용방법 다양한 지시어를 넣어 주의 집중할 수 있다.

예 옆친구를 간지럽혀요, 옆친구에게 윙크하세요, 엉덩이를 두드려주세요.

내 용	동 작 설 명	도 안
싱글 싱글 싱글 싱글	손가락을 둥글게 원을 그리며 돌린다. 손방향: 안쪽에서 바깥쪽	
벙글 벙글 벙글 벙글	손가락을 둥글게 원을 그리며 돌린다. 손방향: 바깥쪽에서 안쪽	
우리모두 고개돌려 샤~	손을 허리에 대고 '샤~' 부분에서 옆친구를 바라보며 고개를 돌린다.	
싱글 싱글 싱글 싱글 벙글 벙글 벙글 벙글	같은 동작 반복	
옆 친구와 인사해요. "안녕하세요!"	손을 허리에 대고 '안녕하세요' 서로 인사	
싱글 랄랄라 벙글~	'싱글' 노랫말에는 싱글동작, '벙글' 노랫말에는 벙글동작	
싱글 벙글 야!(짝짝짝)×2	싱글 벙글 동작 후 야!소리를 내며 박수 세 번 친다.	

2. 펭귄가족

아빠 펭귄이 일을 한다고 쿵쾅 (어어우) 쿵쾅(어어우)
엄마 펭귄이 요리를 한다고 지글지글 (어어우) 보글보글(어어우)
오빠 펭귄이 공부를 한다고 1,2,3,4 (어어우) A,B,C,D (어어우)
언니 펭귄이 화장을 한다고 똑딱 (어어우) 똑딱 (어어우)
아기 펭귄이 우유를 빤다고 쪽쪽 (어어우) 쪽쪽 (어어우)

내 용	동 작 설 명	도 안
아빠 펭귄이	*왼손 오른손 엄지를 세우고 가슴 앞에 위치한다.	
일을 한다고	엄지 손가락만 핀 양손을 와이퍼처럼 좌우로 흔든다.	
쿵쾅	양손을 주먹쥐고 가슴 앞에서 오른손을 왼손위로 올렸다가 왼손을 오른손 위로 올린다.	
어어우 × 2	손을 손바닥이 아래로 향하게 몸 앞에서 양팔을 엇갈리게 X자로 두 번 흔든다.	
엄마 펭귄이	*왼손 오른손 검지를 세우고 가슴 앞에 위치한다.	
요리를 한다고	검지 손가락만 핀 양손을 와이퍼처럼 좌우로 흔든다.	
지글지글	손바닥이 아래쪽을 향하게 주먹을 쥐고 모았다가 손을 핀다(2번)	
보글보글	손바닥을 위로하고 몸앞에서 주먹을 쥐고 모았다 손을 핀다.(2번)	

내 용	동작설명	도안
오빠 펭귄이	왼손, 오른손 중지를 세우고 가슴 앞에 위치한다.	
공부를 한다고	중지 손가락만 핀 양손을 와이퍼처럼 좌우로 흔든다.	
1,2,3,4	왼손 손바닥이 밖으로 향하게 가슴 앞에 세우고 손가락 순서대로 접는다.	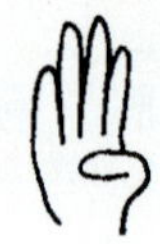
A,B,C,D	오른손 손바닥이 밖으로 향하게 가슴 앞에 세우고 손가락 순서대로 접는다.	
언니 펭귄이	왼손, 오른손 약지를 세우고 가슴 앞에 위치한다.	
화장을 한다고	약지 손가락만 핀 양손을 와이퍼처럼 좌우로 흔든다.	
똑 딱 × 2	양손 약지만 펴서 십자가 모양으로 교차시킨 다음 약지만 왼쪽볼에 갖다댄다.	
아기 펭귄이	왼손, 오른손 새끼손가락을 세우고 가슴 앞에 위치한다.	
우유를 빤다고	새끼 손가락만 핀 양손을 와이퍼처럼 좌우로 흔든다.	
쪽 쪽 × 2	새끼 손가락만 핀 양손을 입술에 2번 살짝 댄다.	

3. 코끼리와 거미줄

1. 한 마리 코끼리가 거미줄에 걸렸네
신나게 그네를 탔다네
너무너무 재미가 좋아좋아 랄랄라
다른 친구 코끼리를 불렀네

* (2.두 마리/3.세 마리/ 4.네 마리,)4절까지는 마리 수만 변화함.

5. 다섯 마리 코끼리가 거미줄에 걸렸네
신나게 그네를 탔다네
너무 많은 코끼리가 올라탔네 랄랄라
그만그만 툭툭하고 끊어졌대요.

내　용	동작설명	도안
한 마리 코끼리가	손가락으로 한 마리 표시	
거미줄에 걸렸네	양손가락 모두 벌리고 얼굴 앞에서 깍지끼며 합친다.	
신나게 그네를 탔다네	손깍지 끼고 가슴 앞에서 흔들기	
너무너무 재미가 좋아좋아 랄랄라	얼굴 옆에서 2, 3 박수치기 좌우로 2회	
다른 친구 코끼리를 불렀네	양손 모아 부르는 흉내내고 박수치기 3회	
그만 그만 '툭'하고 떨어졌대요	손깍지 끼고 그네타는 모습 흔들다 양손을 펼쳐 끊어뜨리기	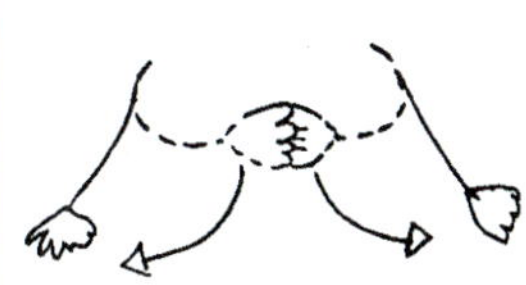

4. 뚱보와 갈비

뚱보가 뛰어와 갈비가 뛰어와 둘이는 골목에서 부딪쳤대요.
너 때문이야 너 때문이야 둘이는 화가 나서 씩씩씩
뚱보가 뛰어와 갈비가 뛰어와 둘이는 골목에서 부딪쳤대요.
미안 미안해 미안 미안해 둘이는 사이좋게 하하하

내 용	동작설명	도 안
뚱보가 뛰어와	오른손 엄지를 앞으로 내민다.	
갈비가 뛰어와	왼손 새끼 손가락도 앞으로 내민다.	
둘이는 골목에서	양손을 좌우로 흔든다.	
부딪쳤대요.	양손을 부딪친다.	
너 때문이야 × 2	오른손 엄지로 왼손을 왼손 새끼손가락으로 오른손을 때린다.	
둘이는 화가나서	검지 손가락을 펴서 한 손씩 머리위에	
씩씩씩	양손을 머리 위로 올리고 뿔을 흔든다.	
미안 미안해 × 2	오른손 엄지로 왼손을 왼손 새끼손가락으로 오른손을 쓰다듬는다.	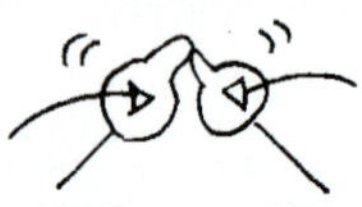
둘이는 사이좋게	한 손씩 입가에 댄다	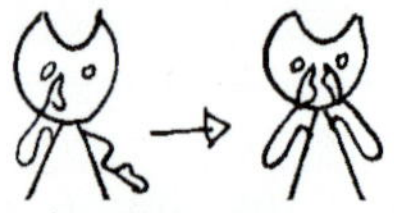
하하하	양손을 입가에 댄 후 하하하!	

5. 피자만들기

무릎치고 손뼉치고 × 2 피자를 만들자 피자!
무릎치고 손뼉치고 × 2 피자를 만들자 피자!
커다란 피자 아싹 아싹 아싹 아싹
조그만 피자 아싹 아싹 아싹 아싹
피자를 만들자 피자!
* 시작 전에 어떤 모양의 피자를 만들고 싶은지 유아들과 이야기하여
피자 모양을 다양하게 변형하여도 좋다.

내 용	동 작 설 명	도 안
무릎치고	무릎 두 번 두드리기	
손뼉치고 × 2	손뼉 두 번 치기	
피자를 만들자	손으로 네모모양 그리기	
피자(처음부터) × 2	고개를 내밀면서 큰 소리로	
커다란 피자	네모를 크게 그린다.	
아싹 아싹 아싹 아싹	고개를 오른쪽에서 왼쪽으로 이동하며 먹는 흉내	
조그만 피자	조용한 목소리고, 네모를 작게 그린다.	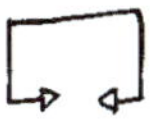

6. 예 쁜 손

올라간 머리 내려온 머리 빙글빙글 돌려서 도깨비 뿔
올라간 눈　내려온 눈　빙글빙글 돌려서 여우 눈
올라간 귀　내려온 귀　빙글빙글 돌려서 당나귀 귀
올라간 코　내려온 코　빙글빙글 돌려서 돼지 코
올라간 입　내려온 입　빙글빙글 돌려서 붕어 입
올라간 손　내려온 손　빙글빙글 돌려서 예쁜 손

내　용	동 작 설 명	도 안
올라간 머리 내려온 머리	머리카락을 위로 올렸다 내린다	
빙글빙글 돌려서 도깨비 뿔	머리카락을 빙글빙글 돌려서 뿔처럼 세운다	
올라간 눈 내려온 눈	눈을 위로 올렸다 내린다	
빙글빙글 돌려서 여우 눈	눈 꼬리를 잡고 빙글빙글 돌린 후 여우처럼 만든다	
올라간 귀 내려온 귀	귀 끝을 잡고 위로 올렸다 내린다	
빙글빙글 돌려서 당나귀 귀	귀를 돌리다가 맨 위를 잡아당겨 당나귀처럼	
올라간 코 내려온 코	코 끝을 위로 올렸다 내림	
빙글빙글 돌려서 돼지 코	코 끝을 돌린 후 위로 올려 돼지코를 만든다.	
올라간 입 내려온 입	입 꼬리를 위로 올렸다 내린다.	
빙글빙글 돌려서 붕어 입	입 꼬리를 돌린 후 손으로 입을 모아서 붕어입처럼	
올라간 손 내려온 손	손을 위로 올렸다 내린다	
빙글 빙글 돌려서 예쁜 손	빙글 빙글 머리 돌린 후 무릎 손을 한다	

7. 커다란 곰 한마리

커다란 곰 한 마리 × 2 굴 속에서
잠자고 있어요. 쿨쿨!
잠꼬대도 하네요. 중얼중얼
잠을 깨고 일어나 커다란 입 벌리고
모두 잡아먹는다. 어흥!

내 용	동 작 설 명	도 안
커다란	양팔로 원을 만든다.	
곰 한 마리	두 손 엄지, 검지손가락으로 동그라미를 만들어 눈에 댄다.	
굴 속에서	머리 위로 원을 만든다. (양쪽으로 흔든다.)	
잠자고 있어요.	손을 모아 잠자는 모습 (오른쪽, 왼쪽 번갈아가며)	
쿨쿨	콧잔등을 엄지손가락으로 튕긴다.	
잠꼬대도 하네요	고개를 떨구고 양 팔을 앞으로 쭉펴서 손목을 까딱거림	
중얼중얼	두 손을 입가에 대고 주먹을 쥐었다 폈다 한다.	
잠을 깨고 일어나	잠자는 시늉을 하다 기지개를 켜듯이 양 팔을 위로 쭉편다	
커다란 입 벌리고	두 팔을 악어처럼 위아래로 크게 벌린다	
모두 잡아먹는다 어흥!	크게 벌린손을 모으며 어흥!	

8. 오리소풍

엄마 오리가 점심가지고 소풍을 간다 뒤뚱~
애기 오리가 점심가지고 소풍을 간다. 뒤뚱~
외나무 다리건너 폴짝! 언덕에 올라서 야호!
흐르는 시냇물에 즐거운 오리소풍 꽥꽥

내　　용	동작설명	도안
엄마 오리가	검지 하나 하나 내면서	
점심 가지고	두 검지로 크게 네모를 만들며	
소풍을 간다.	걸어가는 시늉을 한다.	
뒤뚱	옆으로 휭하니 달려가듯이 손과 얼굴을 반대로	
애기 오리가	약지 하나 하나 내면서	
외나무 다리건너	오른손 손가락으로 왼팔 어깨까지 걷는다.	
폴짝	어깨에 있는 손가락을 폴짝 뛰듯이 귀 근처에 놓으며	
언덕에 올라서	귀 근처에 있는 손가락을 머리 위로 놓으며	
야호	손가락을 멀리 뛰듯이 크게 원을 그리며 손 제자리	
흐르는 시냇물에	시냇물 흐르듯 손 모양	
즐거운 오리소풍	닭이 날개짓 하듯이 위 아래로 어깨를 움직이며	
꽥꽥	오리 입 모양을 한다.	

9. 멋쟁이 토마토

울퉁불퉁 멋진 몸매에 빠알간 옷을 입고
새콤 달콤 향기 풍기는 멋쟁이 토마토
나는야 주스될거야 나는야 케찹될거야
나는야 춤을 출거야 헤이
뽐내는 토마토 토마토!!

내 용	동 작 설 명	도 안
울퉁 불퉁 멋진 몸매에	양 손으로 우락 부락한 느낌 만들기	
빠알간 옷을 입고	위에서 아래로 훑어내리기	
새콤 달콤 향기 풍기는	양 손 뻗어 살래살래 움직임	
멋쟁이 토마토	오른쪽 왼쪽 머리를 쓸어올리며	
나는야	'나는'에 양 엄지 가슴 찍기 '야'에 방향 바꿔서 하기.	
주스 될거야	2회 마시기	
나는야 케찹될거야	케찹병 짜듯이	
나는야 춤을 출거야	위 찌르기 번갈아 세 번	
헤이	네 번째 소리와 동작 모두 크게 찌르기	
뽐내는 토마토	멋쟁이 토마토와 같음.	
토마토	두발 구르며 박수 두 번 친다.	

10. 예쁜 컵에

1.예쁜 컵에 우유를 쪼르르 꿀꺽꿀꺽 마셨더니
키가 자라요, 쑥쑥 자라요
2.예쁜 컵에 쥬스를 쪼르르 꿀꺽꿀꺽 마셨더니
얼굴이 예뻐져요.
3.예쁜 컵에 콜라를 쪼르르 꿀꺽꿀꺽 마셨더니
이가 아파요. 치과에 갔어요
4.예쁜 컵에 커피를 쪼르르 꿀꺽 꿀꺽 마셨더니
잠이 안와요. 생각이 안나요.
*밑줄 친 부분은 동작이 모두 같음.

내 용	동 작 설 명	도 안
예쁜 컵에	양손을 원형컵 형태로 한다.	
우유를	한 손 엄지를 위로 치켜들고 시선을 엄지를 쳐다본다.	
쪼르르	엄지를 한 쪽 손으로 만든 컵에 위에서 아래로 따른다.	
꿀꺽꿀꺽 마셨더니	컵으로 2차례 마시는 흉내낸다.	
키가 자라요. 쑥쑥 자라요	키가 쑥쑥 자라는 흉내낸다.	
얼굴이 예뻐져요.	한 손 검지를 볼에 찍고 다른 손 검지까지 찍는다.	
이가 아파요.	한 쪽 볼을 아픈 표정으로 감싼다.	
치과에 갔어요.	다른 쪽 볼을 감싼다.	
잠이 안와요.	고개를 저으며 양 손 젓는다	
생각이 안나요.	한 손 검지를 머리에 대고 갸우뚱한다.	

11. 빨간앵두

초록초록 나무에 빨간 빨간 앵두가
주렁주렁주렁주렁 많이 열렸네.
한 개만 한 개만 똑 똑 따다가
*사랑하는 친구입에 쏙 넣어줘야지.
(예 - 바르게 앉아있는 친구, 대답을 잘 하는 친구......)

내 용	동작설명	도 안
초록초록	한 손 검지	
나무에	다른 손 검지	
빨간 빨간	한 손의 엄지 검지를 말아서 동그라미	
앵두가	다른 손의 엄지 검지를 말아서 동그라미	
주렁주렁주렁주렁	반짝반짝 하며 두손을 가슴부터 머리 위까지 뻗는다	
많이 열렸네	양 손 위에서 아래로 원 그리기	
한 개만	한 손 검지	
톡톡	한 손 엄지 검지를 동글게 말았다가 튕겨준다.	
따다가	다른 손도 엄지 검지를 둥글게 말았다가 튕겨준다	
사랑하는 친구 입에	하트	
쏙 넣어줘야지.	옆 친구 입에 엄지 검지로 쏙 넣어주는 흉내낸다.	

12. 개구리

개구리 세 마리가 장독 위에서
폴짝폴짝 뛰다가 떨어졌어요.
머리가 깨져 엉엉 울다가 헐레벌떡 엄마한테 달려갔어요
개굴개굴~! 엄마가 하는 말
장독 위에서 폴짝폴짝 뛰니까 머리가 깨졌지

내 용	동작설명	도 안
개구리 세 마리가	오른손으로 3표시하기	
장독 위에서	양손검지로 네모모양을 그린다	
폴짝폴짝 뛰다가	손바닥위에서 개구리 뛰는모양	
떨어졌어요.	뒤로 넘어지는 흉내낸다	
머리가 깨져서	머리를 가리킨 후 박수 한번친다	
엉엉 울다가	우는 시늉하기	
헐레벌떡 엄마한테 달려갔어요	뛰는 흉내낸다	
개굴개굴~!	얼굴옆에서 양 손을 잼잼 한다.	
엄마가 하는 말	양 손 허리에 댄다.	
장독 위에서	양손검지로 네모모양을 그린다	
폴짝폴짝 뛰니까	손바닥위에서 개구리 뛰는모양	
머리가 깨졌지 × 2	머리를 가리킨 후 박수 한번친다	

13. 공룡가족

아빠 공룡이 회사에 간다
쿵쾅 쿵쾅 쿵쾅쾅 쿵쾅
엄마 공룡이 시장에 간다
콩닥 콩닥 콩닥닥 콩닥
아기 공룡이 유치원에 간다
또닥 또닥 또다닥 또닥

내　　용	동 작 설 명	도 안
아빠 공룡이	눈사람처럼 위로부터 원을 엄지검지로 두 개 크게 그린다	
회사에 간다	양 검지로 네모를 만든다	
쿵쾅 쿵쾅.....	주먹으로 가슴을 힘차게 친다	
엄마 공룡이	눈사람처럼 조금 작은 원을 엄지검지로 두 개 그린다	
시장에 간다	걸어가는 모습을 표현한다	
콩닥 콩닥....	조금 약하게 가슴을 친다	
아기 공룡이	눈사람처럼 아주 작은 원을 엄지검지로 두 개 그린다	
유치원에 간다	양손을 모으며 세모를 그린다	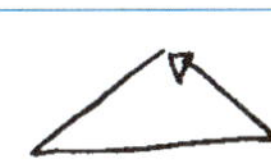
또닥 또닥....	양 검지로 가슴을 아주 약하게 친다	

14. 달팽이

달달 달달 달팽입니다. 헤이~! 헤이~! 입새 위에 뾰족
달달 달달 달팽입니다. 헤이~! 헤이~! 나무 위에 대롱
달달 달달 달팽입니다. 헤이~! 헤이~! 땅 위에 우뚝

※ 통통통 털보영감님 음률

내 용	동작설명	도안
달달 달달 달팽입니다	엄지와 검지를 동그랗게 말아 오른손 왼손 차례로 동그랗게 돌린다.	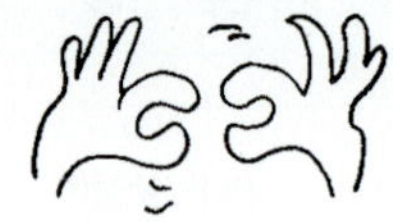
헤이 헤이	검지와 중지를 펴서 위로 올렸다 아래로 던지듯 오른손 왼손 차례로	
입새위에	손바닥이 가슴을 향하도록 왼손만 펴서 입사귀 모양	
뾰족	입사귀 손바닥 안쪽에서 한손 검자와 중지를 펴서 뽀족하고 나온다	
나무위에	두 양팔을 활짝 벌려 큰나무처럼	
대롱~	두팔을 몸통에 바짝 붙여 차렷자세	
땅 위에	두팔을 가슴앞에 차례로	
우뚝	두손 주먹쥐고 가슴앞으로 끌어당기듯	

15. 뒷동산에서

뒷동산에서 싸움이 일어났어요
마음씨 나쁜 까마귀는 이겨라 깍깍 이겨라 깍깍
마음씨 착한 참새는 그러면 안돼요 그러면 안돼요
참아야해요 참아야해요

내　용	동 작 설 명	도 안
뒷동산에서	오른쪽 엄지 손가락을 어깨 뒤쪽으로 찌르며	
싸움이 일어났어요	양손 주먹을 부딪치며	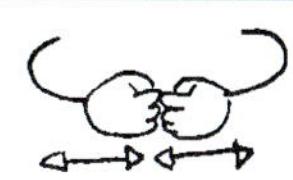
마음씨 나쁜 까마귀는	양손 검지로 눈꼬리를 위로 올리며	
이겨라	양손 허리	
깍깍	검지 중지를 펴고 한쪽으로 찌르며	
마음씨 착한	손 가슴에서 X자로 교차	
참새는	양손 나비처럼 흔들며	
그러면 안돼요	한 손을 다른 손 팔꿈치 밑에 대고 한 손은 펴고 흔들며	
참아야해요	양손 깍지 끼고 웨이브를 주며 몸을 흔든다.	

16. 막대 하나

막대 하나 막대 하나 산이 되지요 산산산
막대 둘 막대 둘 안경이 되지요 뽕뽕뽕
막대 셋 막대 셋 오리발이 되지요 뒤뚱 뒤뚱 뒤뚱
막대 넷 막대 넷 참새가 되지요 짹짹짹
막대 다섯 막대 다섯 슈퍼맨이 되지요 슈퍼맨~~~~~
막대 주먹 막대 주먹 킹콩이 되지요 쿵쿵쿵
막대 손 막대 손 예쁜 손이 되지요 손 무릎~

내 용	동작설명	도 안
막대 하나 막대 하나 산이 되지요 산산산	검지 손가락을 한 손씩 내밀어 산모양으로 세모 만든다	
막대 둘 막대 둘 안경이 되지요 뽕뽕뽕	엄지와 검지를 내밀어 얼굴앞에서 안경모양을 만든다	
막대 셋 막대 셋 오리발이 되지요 뒤뚱뒤뚱뒤뚱	검지, 중지, 약지를 내밀어 걸음걸이를 표현한다.	
막대 넷 막대 넷 참새가 되지요 짹짹짹	엄지를 제외한 다른 손가락을 펴고 두 손을 포개어 입가에 대면서 새를 표현한다	
막대 다섯 막대 다섯 슈퍼맨이 되지요 슈퍼맨~~	손바닥을 펴서 보여주고 팔을 앞으로 쭉 뻗어 슈퍼맨이 날아가는 모습을 표현한다.	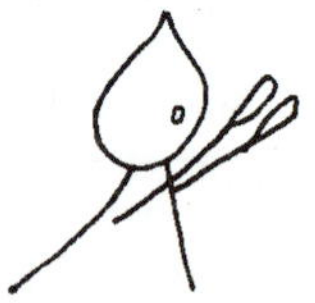
막대 주먹 막대 주먹 킹콩이 되지요 쿵쿵쿵	주먹을 쥐고 보여주며 자신의 가슴에 살짝 두드리면서 킹콩을 표현한다	
막대 손 막대 손 예쁜 손이 되지요 손 무릎	손을 보여주고 깍지를 끼워 무릎위에 올려놓는다	

17. 만 두

만두 준비 ~ 얍!
양파 양파 고기 고기 파 파
밀어 밀어 팍팍 밀어
접어 접어 척척 접어
지글지글 보글 보글 × 2
나는 만두다!

내 용	동작설명	도안
만두 준비~ 얍!	교사가 만두 준비를 외치면 유아들은 얍! 이라고 말하면서 양 손을 앞으로 쭉 편다	
양파 양파	머리 위로 양 손을 올려 동그란 모양을 만든다	
고기 고기	아랫배의 겹쳐지는 부분을 손으로 잡는다	
파 파	왼손은 '앞으로 나란히' 하고 오른손은 왼손을 어깨쪽으로 쓰다듬으며 올라간다	
밀어 밀어 팍팍 밀어	밀가루반죽 미는 모습을 표현한다	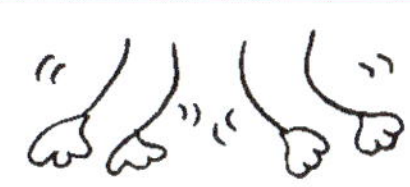
접어 접어 척척 접어	손바닥위에 만두피를 올려놓은 모습을 하고 다른 손으로 손뼉친다	
지글지글 보글보글	위로 향해 잼잼 아래로 향해 잼잼	
나는 만두다	양손을 만세 하며 '나는 만두다' 라고 외친다.	

18. 쥐가 한마리

쥐가 한 마리 쥐가 두 마리 쥐가 세 마리, 네 마리, 다섯 마리
쥐가 여섯마리 쥐가 일곱마리 쥐가 여덟마리, 아홉 마리, 열 마리
야~옹 야~옹 고양이 화났지 야~옹 야~옹 고양이 화났지
쥐가 도망갔지 쥐가 도망갔지 어디로 갔는지 나는 몰라
쥐구멍이지 쥐구멍이지 쥐구멍에 숨었지 야~!옹

내 용	동작설명	도 안
쥐가 한 마리... 열 마리	오른손 검지 손가락부터 차례로 1,2,3... 차례로 편다	
야~옹 야~옹	고양이 주먹쥐듯이 두손앞으로	
고양이 화났지	양손 검지펴고 뿔난것처럼 머리위로 찌른다	
쥐가 도망갔지	두팔흔들며 도망가는것 처럼 좌로한번 우로한번	
어디로 갔는지 나는 몰라	한손씩 이마에대고 멀리 쳐다보듯이하고 몰라~손흔든다	
쥐구멍이지	두손을 동그랗게 얼굴앞에서 구멍을 그리듯	
쥐구멍에 숨었지	두팔을 둥글게 말아 머리위로	
야~옹!	고양이가 쥐를 잡듯이 야~옹	

19. 세 탁 기

커다란 세탁기가 돌아갑니다.
거품이 보글보글보글 올라갑니다.
길다란 빨래줄에 빠밤
따뜻한 햇볕에 빠밤
조그만 세탁기가 돌아갑니다.
거품이 보글보글보글 올라갑니다.
조그만 빨래줄에 빠밤
따뜻한 햇볕에 빠밤

내 용	동 작 설 명	도 안
커다란 세탁기가 돌아갑니다	가슴 앞에서 커다란 네모를 그리고 두손을 굴린다	
거품이 보글보글보글 올라갑니다	거품을 쥐듯 뭉게뭉게 두손을 쥐었다 펴며 올라간다	
길다란 빨래줄에 빠밤	주먹쥐고 손목을 클로스하다 두팔을 크게 활짝 편다	
따뜻한 햇볕에 빠밤	위와 같음	
조그만 세탁기가 돌아갑니다	가슴 앞에서 작은네모를 그린다	
거품이 보글보글보글 올라갑니다	거품을 건드리듯 뭉게뭉게 검지를 까닥이며 올라간다	
조그만 빨래줄에 빠밤	양검지를 클로스하며 다시 활짝 편다	
따뜻한 햇볕에 빠밤	위와 같음	

20. 꿀 벌

벌이 윙윙 난다 벌이 윙윙 난다.
(한 마리 콕! 아이 따가워) × 2
침을 쏜대요 침을 쏴!
벌이 윙윙 난다 벌이 윙윙 난다.
(한 마리 쪽! 아이 좋아) × 2
사랑한대요. 사랑해~

내 용	동작설명	도 안
벌이 윙윙 난다 × 2	한 손씩 검지 손가락을 세우고 얼굴 옆에서 작은 원을 그린다	
한 마리 콕	양손 검지 손가락을 찌르듯이 마주댄다	
아이 따가워	양 손을 주먹 쥐고 가슴 옆에 바짝댄 후 몸을 떨듯한다	
침을 쏜대요 × 3	두 손의 검지 손가락을 오른쪽 왼쪽 허공을 찌른다	
침을 쏴!	박수 두번 친다.	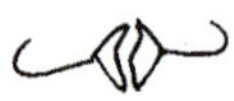
한 마리 쪽	양손 검지 손가락을 맞대고 뽀뽀하는 모습을 표현한다.	
아이 좋아	양 손을 주먹 쥐고 가슴 옆에 바짝댄 후 몸을 떨듯한다	
사랑한대요 × 3	가슴 앞에서 손가락으로 큰 하트를 그린다.	
사랑해!	박수 두 번 친다.	

21. 물고기

물~고~기! 물고기 한 마리, 물고기 두 마리
물고기 세 마리가 올라갑니다.
물고기 한 마리 낚시줄에 두 마리 낚시줄에
세 마리 낚시줄에 올라갑니다.
물고기 한 마리~ 어항에 넣고 두 마리 어항에 넣고
세 마리 어항에 넣고 올라갑니다.
물고기 한 마리 어푸어푸, 두 마리 어푸어푸
세 마리 어푸어푸 올라갑니다. 쏴아~

내 용	동작설명	도 안
물고기	두 손을 물결모양으로 만들면서 위로 올린다	
물고기 한 마리 물고기 두 마리 물고기 세 마리가	검지, 중지, 약지손가락을 차례로 핀다	
올라갑니다	두 손모아 물결 모양으로 만들면서 위로 올린다	
낚시줄에	오른쪽에서 두 손의 검지를 오므렸다 핀다	
낚시줄에 올라갑니다	두손 검지를 오므렸다 피며 물결모양으로 만들며 위로 올린다	
어항에 넣고	왼손을 어항모양의 원을 만들고 오른손은 어항에 물건을 넣듯이	
어푸어푸	두 손을 턱 가까이에 모으고 헤엄치는 흉내를 낸다	
쏴아	두 손을 어깨위로 활짝 피면서 분수그리듯 내린다	

22. 코알라

숲속 작은집 코알라
아무것도 모르는 코알라
엄마 품에 안겨 잠이 들면
코코코코 알알알알 라라라

내 용	동 작 설 명	도 안
숲속 작은집	한 손씩 차례로 지붕을 만든다.	
코알라	검지로 코 한 번 찍고, 눈 한 번, 입 한 번 찍는다.	
아무것도 모르는	왼손을 받치고 오른손을 흔들며 반대로도 한 번 흔든다.	
코알라	검지로 코 한 번 찍고, 눈 한 번, 입 한 번 찍는다.	
엄마 품에 안겨	가슴에 팔을 엑스자로 하나씩 겹친다.	
잠이 들면	손을 겹쳐 잠자는 포즈	
코코코코	코를 손가락으로 두드린다.	
알알알알	눈을 손가락으로 두드린다.	
라라라	입을 손가락으로 두드린다.	

23. 꼬마신랑

옛날 옛적에 꼬마 신랑이 장가가던 첫날밤에 오줌을 쌌네
난 몰라 난 몰라 집에 갈거야 엄마 쭈쭈 먹으러 집에 갈테야
헤이! 서방님 서방님 가지 마세요
내일 아침 누룽지 긁어 드릴게. 빡~빡

내 용	동작설명	도 안
옛날 옛적에	오른손 왼손 엄지와 검지 손가락으로 바깥쪽으로 원을 그린다	
꼬마 신랑이	오른손 왼손 차례로 가슴 앞에 수평이 되게 한다	
장가가던 첫날밤에	가슴 앞에 수평이 되게 모은 두 손을 이마에 대고 고개를 숙인다.	
오줌을 쌌네	양손을 흔들면서 아래로 내린다.	
난 몰라 난몰라	오른손을 눈 근처에 두고 우는 흉내를 낸다.	
집에 갈테야	양 팔을 흔든다(걷는 흉내)	

내 용	동작설명	도안
엄마 쭈쭈	오른손을 위 왼손을 밑으로 한 후 오른손을 주먹 쥐고 입 앞에 댄다	
먹으러	왼손을 위로 오른손을 밑으로 한 후 오른손을 주먹 쥐고 입 앞에 댄다	
집에 갈테야	양 팔을 흔든다(걷는 흉내)	
헤이	두 손을 올려서 박수 친다	
서방님 서방님	옷깃을 잡아 당기는 흉내를 낸다	
가지 마세요	팔꿈치를 왼손바닥으로 받친후 손을 양쪽으로 흔든다	
내일 아침	오른손부터 왼손과 함께 머리 위로 큰 원을 만든다	
누룽지	양 손을 가슴 앞으로 하여 둥글게 원을 만든다	
긁어	오른쪽으로 양 손을 구부린 후 긁는 흉내를 낸다	
드릴게	왼쪽으로 양 손을 구부린 후 긁는 흉내를 낸다	
빡~빡~	양 손을 앞으로 구부린 후 긁는 흉내를 낸다 × 2	

24. 도깨비와 마귀할멈

도깨비와 마귀할멈 유리성에 찾아와
유리공주 마법 걸어 뿅! 몰래 데려 갔대요.
그 때에 멋진 왕자님 말을 타고 달려와 (이리야)
도깨비와 마귀할멈 용감하게 이기고 (짠)
유리공주 마법 풀어 (뿅) 행복하게 살았대

내 용	동 작 설 명	도 안
도깨비와	검지손가락으로 머리 위에 뿔 모양을 한 팔씩 올린다	
마귀할멈	한 팔씩 손을 주먹쥐고 턱 밑으로 내린다	
유리성에	한 팔씩 해서 손으로 집 모양을 만든다	
찾아와	주먹을 쥐고 두 팔을 위 아래로 흔든다	
유리공주	양 손을 펴서 오른손, 왼손 차례대로 턱 밑에 댄다	
마법 걸어~뿅	왼손은 허리위에 놓고, 오른손은 주먹을 쥐고 한 바퀴 돌린 후 한번 위를 가리킨다	
몰래 데려 갔대요	주먹을 쥐고 두 팔을 위 아래로 흔든다	

내 용	동 작 설 명	도 안
그 때에	왼손은 허리위에 놓고, 오른손은 검지로 위 아래를 흔든다	
멋진 왕자님	박수 3번 친다	
말을 타고 달려와	주먹을 쥐고 한 팔씩 앞으로 내밀고 위 아래로 흔든다	
이리야	왼손은 허리 위에 놓고, 오른손은 주먹을 쥐고 한 바퀴 돌린다	
도깨비와	검지 손가락으로 머리 위에 뿔 모양을 한 팔씩 올린다	
마귀할멈	한 팔씩 손을 주먹쥐고 턱 밑으로 내린다	
용감하게 이기고 짠	한 팔씩 검지 손가락을 들고 양 손을 x자로 엇갈린 다음 양손을 브이한다	
유리공주	양 손을 펴서 오른손, 왼손 차례대로 턱 밑에 댄다	
마법 풀어~ 뿅!	왼손은 허리위에 놓고 오른손은 주먹을 쥐고 한 바퀴 돌린 후 한 번 위를 가리킨다	
행복하게 살았대	양 손을 펴고 반짝 반짝하는 동작을 하면서 원을 그려준다.	

25. 아프리카

아프리카 준비! 아프리카 사람들은 잼을 좋아해.
잼 먹고 잼 먹고 배탈이 나서 병원에 병원에 달려갔더니
호박같은 간호사가 나를 반기네
아! 아! 아이 러브 유. 유! 유! 유 러브 미.
미 ! 미! 미스코리아. 아! 아! 아름다워라.

내 용	동작설명	도 안
아프리카 준비	작은 나란히를 하고 주먹을 쥔다.	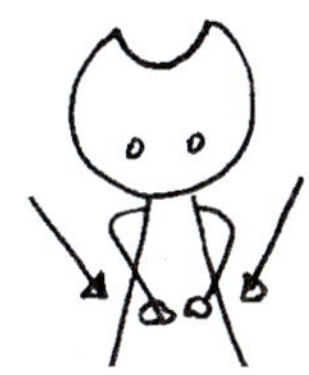
아프리카 사람들은 잼을 좋아해.	준비 상태에서 양 팔을 번갈아가며 아래 위로 움직인다.	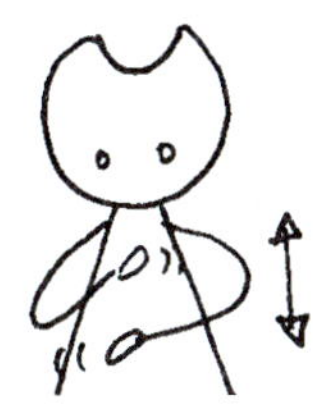
잼 먹고 잼 먹고	왼손을 펴고 먹는 시늉을 한다.	
배탈이 나서	배에 손을 가까이 대고 아픈것처럼 좌우로	
병원에 병원에	양손검지로 네모를 그린다.	
달려갔더니	주먹을 쥐고 달리는 흉내를 낸다.	

내 용	동작설명	도 안
호박같은 간호사가 나를 반기네	양 손을 교차시켜 크게 원 그리고, 손이 모아질 때 엄지 손가락으로 자신을 가리킨다.	
아!아! 아이 러브 유	엄지 손가락으로 자신을 가리킨 상태에서 팔을 박자에 맞춰 4번 폈다 구부린다.	
유! 유! 유 러브 미	사랑을 총알을 쏘듯이 상대방을 가리킨다.	
미! 미! 미스코리아	손을 펴서 팔을 왼쪽, 오른쪽 차례대로 옆구리에 대고 왔다갔다 움직인다.	
아! 아! 아름다워라	양 팔을 차례로 교차시켜 엑스자를 만든 후 손을 반짝이며 원을 그린다.	

26. 까닥까닥

까닥 까닥 까닥 고개 흔들다.
으쓱 으쓱 으쓱 으쓱 어깨 춤춰요.
으쓱 으쓱 으쓱 으쓱 어깨 춤추다
짝 짝 짝 짝 짝 짝 박수를 쳐요
짝 짝 짝 짝 짝 짝 박수를 치다
쿵 쿵 쿵 쿵 쿵 쿵 발을 굴러요
쿵 쿵 쿵 쿵 쿵 쿵 발을 굴르다
앞에 계신 선생님께 인사 합시다.

내 용	동작설명	도안
까닥 까닥 까닥 고개 흔들다.	고개를 좌, 우로 흔든다.	
으쓱 으쓱 으쓱 으쓱 어깨 춤춰요.	오른쪽 왼쪽으로 어깨를 으쓱거린다.	
짝 짝 짝 짝 짝 짝 박수를 쳐요.	오른쪽에서 세 번 박수, 왼쪽에서 세 번 박수를 친다.	
쿵 쿵 쿵 쿵 쿵 쿵 발을 굴러요.	발을 구른다.	
앞에 계신 선생님께 인사합시다.	공수를 하며 인사를 한다.	

27. 아기 돼지 삼형제

첫 번째 돼지가 집을 지었네
지푸라기로 집을 지었네
바람이 불고 비가 내리면
그집은 무너진다네 빠샤 빠샤
두 번째 돼지가 집을 지었네
나뭇가지로 집을 지었네
바람이 불고 비가 내리면
그 집은 무너진다네 빠샤 빠샤
세 번째 돼지가 집을 지었네
시멘트와 벽돌로 집을 지었네
바람이 불고 비가 내려도
그 집은 튼튼하다네
아! 튼튼 아! 튼튼

내 용	동작설명	도안
첫 번째 돼지가 집을 지었네	손가락 하나를 펴고 돼지코를 만든 후 양손 손가락 하나로 집을 짓는다.	
지푸라기로 집을 지었네	양손 한 개의 손가락을 세운 후 다시 집을 짓는다.	
바람이 불고 비가 내리면	양손을 사선으로 양쪽으로 하다가 위 아래로 손을 내린다.	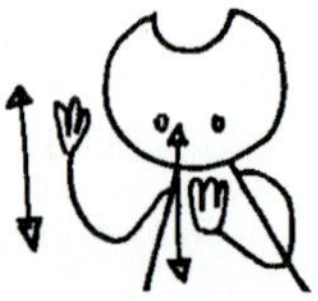
그 집은 무너진다네 빠샤 빠샤	손가락 하나로 집을 만든 후 점점 내리다가 주먹을 위 아래로 만든다.	

내 용	동작설명	도 안
두 번째 돼지가 집을 지었네	손가락 두 개를 펴고 돼지코를 만든 후 양손 손가락 두 개로 집을 짓는다.	
나뭇가지로 집을 지었네	양손 두 개 의 손가락을 세운 후 다시 집을 짓는다.	
바람이 불고 비가 내리면	양손을 사선으로 양쪽으로 하다가 위 아래로 손을 내린다.	
그 집은 무너진다네 빠샤 빠샤	손가락 하나로 집을 만든후 점점 내리다가 주먹을 위 아래로 흔든 후 반대쪽으로 한다.	
세 번째 돼지가 집을 지었네	손가락 세 개를 펴고 돼지코를 만든후 양손 손가락 세 개로 집을 짓는다.	
시멘트와 벽돌로 집을 지었네	양손 손을 세운 후 다시 집을 짓는다.	
바람이 불고 비가 내려도	양손을 사선으로 양쪽으로 하다가 위 아래로 손을 내린다.	
그 집은 튼튼하다네 아! 튼튼 아! 튼튼	손가락 하나로 집을 만든 후 점점 내리다가 팔을 "ㄴ"으로 뽀빠이처럼 흔든 후 반대쪽도 똑같이 움직인다.	

28. 목　장

목장에 가던 심술쟁이가
거미줄에 걸려 넘어졌는데 아!
길가에 있던 꿀꿀 돼지가 맨발로 살짝 밀어버렸네.
돼지가 꿀꿀 강아지가 멍멍 고양이가 야옹
생쥐가 찍찍 파리가 윙윙 모기가 웽웽
번개가 번쩍 쿵쿵쿵

내　용	동작설명	도안
목장에 가던	왼손과 오른손을 차례대로 모아서 집 모양을 만든다.	
심술쟁이가	왼손주먹과 오른손주먹을 볼에 갖다 댄다.	
거미줄에 걸려	오른손에 왼손을 깍지끼고 손가락은 펴준다.	
넘어졌는데 아!	깍지낀 손을 내려가다가 양손을 번쩍 든다.	
길가에 있던	왼손과 오른손을 차례대로 펴서 앞에 놓는다.	
꿀꿀돼지가	오른손 검지손가락으로 돼지코 모양을 한다.	
맨발로 살짝	왼손과 오른손을 차례대로 펴서 앞에 놓는다.	

내 용	동작설명	도 안
밀어버렸네	옆 사람을 미는 흉내를 낸다.	
돼지가 꿀꿀	오른손 검지손가락으로 돼지코 모양을 한다.	
강아지가 멍멍	머리 옆에 손을 모으고 쥐었다 폈다 한다.	
고양이가 야옹	볼 옆에 손을 모으고 쥐었다 폈다 한다.	
생쥐가 찍찍	손을 x자로 가져간 뒤 쥐었다 폈다 한다.	
파리가 윙윙	오른손 검지 손가락으로 공중에 동그라미를 그린다.	
모기가 웽웽	왼손 검지 손가락으로 공중에 동그라미를 그린다.	
번개가 번쩍	양손을 펴서 오른쪽 공중 위에 한 바퀴 돌려준다.	
쿵쿵쿵	박자에 맞추어 내 앞으로 손바닥을 갖다 놓는다.	

29. 채소들의 노래

토마토는 통통통 (도도도미 솔솔솔)
양배추는 양양양 (파파파미 레레레)
호- 박은 호호호 (도-도미 솔솔솔)
피- 망은 피피피 (파-파미 레솔도)

내 용	동 작 설 명	도 안
토마토는 통통통	오른손 주먹으로 왼손주먹을 가볍게 3회 친다.	
양배추는 양양양	검지 손가락으로 양볼을 가볍게 3회 친다.	
호박은 호호호	입을 두손으로 차례로 가리고 3회 웃는다.	
피망은 피피피	양손으로 피리부는 동작을 한다.	

30. 참새 한 마리

참새 한마리가 날아와서 콧구멍에 앉았네 캄캄하다캄캄하다 동굴같다. 짹짹짹짹짹짹
(파파파-파 라도라파 솔솔솔파 미레도 파파파파 파파파파 라도라파 도시라솔파-도)
참새 두마리가 날아와서 볼- 위에 앉았네. 말랑하다말랑하다 찐빵같다. 짹짹짹짹짹짹
참새 세마리가 날아와서 배- 위에 앉았네. 푹신하다푹신하다 침대같다. 짹짹짹짹짹짹
참새 네마리가 날아와서 배꼽위에 앉았네. 간지럽다간지럽다 도망가자. 짹짹짹짹짹짹
참새 다섯마리 날아와서 엉덩이에 앉았네. 냄새난다냄새난다 방귀뽀옹. 짹짹짹짹짹짹

내 용	동작설명	도 안
참새 한마리가	검지손가락을 차례로 가슴앞에 세운다.	
날아와서	가슴앞에 검지를 세운상태에서 안쪽에서 바깥쪽으로 바깥쪽에서 안쪽으로 2번씩 움직인다.	
콧구멍에 앉았네	양손검지를 코 끝에 차례로 댄다음 가볍게 코끝을 두들긴다.	
캄캄하다 캄캄하다	양손 손바닥을 얼굴쪽으로 차례로 얼굴을 가린다.	
동굴같다	양손 엄지와 검지를 둥글게 말아서 동그라미 안쪽으로 원그린다.	
짹짹짹짹 짹짹	가슴앞에 두손포개에 2회 파닥거리고 양옆으로 날개처럼 벌려 2회 파닥거린다.	

내 용	동작설명	도 안
(볼위에–) 말랑하다말랑하다	검지를 차례로 볼을 터치하고 양볼을 양손으로 집게로 집듯이 가볍게 잡는다.	
찐빵같다	한손을 평평하게 펴고 다른 손으로 작게 소복한 모양을 만든다.	
(배위에–) 푹신하다푹신하다	양손으로 가볍게 배를 두드리듯하고 아랫배를 주무른다.	
침대같다	양손으로 옆으로 길죽한 네모를 그린다.	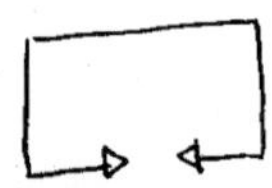
(배꼽 위에–) 간지럽다 간지럽다	양손 가락으로 배꼽근처를 간지럽힌다.	
도망가자	양팔꿈치 굽혀서 달리는 모양	
(엉덩이에–) 냄새난다냄새난다	언덩이를 양손으로 차례로 터치하고 한손으로 코막고 다른 한손을 저으며 냄새를 쫓는 시늉	
방귀뽀옹	양손을 아랫배에 댄 후 엉덩일 뒤로 쑥빼어 방귀 뀌듯이	

박수놀이

1. 빨래박수

내 용	동작설명
빨래 빨고	무릎 두 번 손뼉 두 번 친 후 양 손을 좌우로 빨래를 주물럭거리는 모습을 표현한다.
빨래 짜고	무릎 두 번 손뼉 두 번 친 후 빨래를 짜듯이 양 손을 주먹 쥐고 좌우로 비튼다.
빨래 털고	무릎 두 번 손뼉 두 번 친 후 양 손을 좌우로 턴다.
빨래 널고	무릎 두 번 손뼉 두 번 친 후 양손을 좌우로 빨래를 너는 모습을 표현한다.

2. 사랑해 박수

내 용	동작설명
사랑해 사랑해	두 손을 머리 위로 올리고 하트를 만들며 환하게 웃는다. × 2
짝짝	박수 2번 친다.
싫어 싫어	팔짱을 끼고 왼쪽으로 몸을 틀며 얼굴을 찌푸린다. × 2
짝짝	박수 2번 친다.
사랑해	사랑해 동작 1번 한다.
짝	박수 1번 친다.
싫어	싫어 동작 1번 한다.
짝	박수 1번 친다.
사랑해 싫어 짝짝	사랑해 싫어 동작을 1번씩 한 후 박수 2번 친다.

3. 춘향이 박수

내 용	동작설명
춘향아 춘향아	손을 올려 어깨춤을 춘다.
짝짝	박수 2번 친다.
도련님 도련님	옆에 있는 사람을 붙드는 시늉으로 오른쪽 왼쪽 1번씩 한다.
춘향아	어깨춤 1번 한다.
짝	박수 1번 친다.
도련님	도련님 동작 1번 한다.
짝	박수 1번 친다.
춘향아 도련님	춘향이 도련님 동작을 1번씩 한다.
짝짝	박수 2번 친다.

4. 찌개박수

내 용	동작설명
지글지글	양손 엄지, 검지를 밑으로 하여 붙였다 떼었다 한다.
짝짝	박수 2번 친다.
보글보글	양손 엄지, 검지를 위로 하여 붙였다 떼었다 한다.
짝짝	박수 2번 친다.
지글	지글 동작 1번한다.
짝	박수 1번 친다.
보글	보글 동작 1번 한다.
짝	박수 1번 친다.
지글보글 짝짝	지글 보글 동작 1번씩 한 후 박수 2번 친다.

5. 짱구박수

내 용	동 작 설 명
울퉁울퉁	오른손을 이마 앞으로 왼손은 머리 뒤로 한 후 주먹을 쥐었다 폈다 한다.
짝짝	박수 2번 친다.
불퉁불퉁	양손을 머리 옆으로 놓고 주먹을 쥐었다 폈다 한다.
짝짝	박수 2번 친다.
울퉁	울퉁동작 1번 한다.
짝	박수 1번 친다.
불퉁	불퉁동작 1번 한다.
짝	박수 1번 친다.
울퉁불퉁 짝짝	울퉁불퉁 동작을 1번씩 한 후 박수 두 번 친다.

6. 음료수 박수

내 용	동 작 설 명
따라따라	왼손 엄지와 검지를 이용해 컵을 만들고 오른손은 왼손의 컵에 물을 따르듯 표현.
짝짝	박수 2번 친다.
마셔마셔	오른손의 엄지와 검지를 이용하여 컵모양으로 만든 후 마시는 흉내를 낸다.
짝짝	박수 2번 친다.
따라	따라 동작 1번 한다.
짝	박수 1번 친다.
마셔	마셔 동작 1번 한다.
짝	박수 1번 친다.
따라 마셔 짝짝	따라 마셔 동작을 1번씩 한 후 박수 2번 친다.

7. 간호사박수

내 용	동작설명
때리고 때리고	오른손으로 엉덩이를 2번 때린다.
짝짝	박수 2번 친다.
찌르고 찌르고	오른손 검지로 엉덩이를 2번 찌른다.
짝짝	박수 2번 친다.
때리고	때리고 동작 1번 한다.
짝	박수 1번 친다.
찌르고	찌르고 동작 1번 한다.
짝	박수 1번 친다.
때리고 찌르고 짝짝	때리고 찌르고 동작을 1번씩 한 후 박수 2번 친다.

8. 부끄럼박수

내 용	동작설명
두근 두근	양손을 엇갈려서 가슴을 2번 친다.
짝짝	박수 2번 친다.
화끈 화끈	양손을 양볼에 2번 가져댄다.
짝짝	박수 2번 친다.
두근	두근 동작 1번 한다.
짝	박수 1번 친다.
화끈	화끈 동작 1번 한다.
짝	박수 1번 친다.
두근 화끈 짝짝	두근 화끈 동작을 1번씩 한 후 박수 2번 친다.

9. 껌박수 (한국)

내 용	동 작 설 명
오물오물	안쪽으로 잼잼을 2번 한다.
짝짝	박수 2번 친다.
조물조물	바깥으로 잼잼 2번 한다.
짝짝	박수 2번 친다.
오물	오물 동작 1번 한다.
짝	박수 1번 친다.
조물	조물 동작 1번 한다.
짝	박수 1번 친다.
오물 조물 짝짝	오물 조물 동작을 1번씩 한 후 박수 2번 친다.

10. 껌박수 (프랑스)

내 용	동 작 설 명
오무숑 오무숑	안쪽으로 잼잼 2번 한다.
짝짝	박수 2번 친다.
조무숑 조무숑	바깥쪽으로 잼잼 2번 한다.
짝짝	박수 2번 친다.
오무숑	오무숑 동작 1번 한다.
짝	박수 1번 친다.
조무숑	조무숑 동작 1번 한다.
짝	박수 1번 친다.
오무숑 조무숑 짝짝	오무숑 조무숑 동작을 1번씩 한 후 박수 2번 친다.

11. 껌박수 (일본)

내　　용	동 작 설 명
오므리 오무리	안쪽으로 잼잼 2번 한다.
짝짝	박수 2번 친다.
조무리 조무리	바깥쪽으로 잼잼 2번 한다.
짝짝	박수 2번 친다.
오무리	오므리 동작 1번 한다.
짝	박수 1번 친다.
조무리	조무리 동작 1번 한다.
짝	박수 1번 친다.
오므리 조무리 짝짝	오무리 조무리 동작을 1번씩 한 후 박수 2번 친다.

12. 껌박수 (러시아)

내　　용	동 작 설 명
오무스키 오무스키	안쪽으로 잼잼 2번 한다.
짝짝	박수 2번 친다.
조무스키 조무스키	바깥쪽으로 잼잼 2번 한다.
짝짝	박수 2번 친다.
오무스키	오무스키 동작 1번 한다.
짝	박수 1번 친다.
조무스키	조무스키 동작 1번 한다.
짝	박수 1번 친다.
오무스키 조무스키 짝짝	오무스키 조무스키 동작을 1번씩 한 후 박수 2번 친다.

13. 껌박수(북한)

내 용	동 작 설 명
오무리끼니 오무리끼니	안쪽으로 잼잼 2번 한다.
짝짝	박수 2번 친다.
조무리끼니 조무리끼니	바깥쪽으로 잼잼 2번 한다.
짝짝	박수 2번 친다.
오무리끼니	오무리끼니 동작 1번 한다.
짝	박수 1번 친다.
조무리끼니	조무리끼니 동작 1번 한다.
짝	박수 1번 친다.
오무리끼니 조무리끼니 짝짝	오무리끼니 조무리끼니 동작을 1번씩 한 후 박수 2번 친다.

14. 축구박수

내 용	동 작 설 명
차고 차고	발차기 2번 한다.
짝짝	박수 2번 친다.
헤딩 헤딩	점프하며 헤딩 2번 한다.
짝짝	박수 2번 친다.
차고	차고 동작 1번 한다.
짝	박수 1번 친다.
헤딩	헤딩 동작 1번 한다.
짝	박수 1번 친다.
차고 헤딩 짝짝	차고 헤딩 동작을 1번씩 한 후 박수 2번 친다.

15. 농구박수

내 용	동 작 설 명
패스 패스	양 손을 펴고 오른쪽으로 몸을 틀고 공을 패스하는 흉내를 낸다. × 2
짝짝	박수 2번 친다.
슛~슛	양 손을 왼쪽 위로 들어 올려 공을 골대에 넣는 흉내를 낸다. × 2
짝짝	박수 2번 친다.
패스	패스 동작 1번 한다.
짝	박수 1번 친다.
슛	슛 동작 1번 한다.
짝	박수 1번 친다.
패스 슛 짝짝	패스 슛 동작을 1번씩 한 후 박수 2번 친다.

16. 뽀뽀박수

내 용	동 작 설 명
뽀뽀 뽀뽀	오른손으로 입술을 두 번을 살짝 친다.
짝짝	박수 2번 친다.
키스 키스	왼손의 두 개 손가락으로 입술을 두 번 친다.
짝짝	박수 2번 친다.
뽀뽀	뽀뽀 동작 1번 한다.
짝	박수 1번 친다.
키스	키스 동작 1번 한다.
짝	박수 1번 친다.
뽀뽀 키스 짝짝	뽀뽀 키스 동작을 1번씩 한 후 박수 2번 친다.

17. 고양이 쥐 박수

내 용	동 작 설 명
야옹 야옹	손바닥으로 주먹을 쥐었다가 폈다를 2번한다.
짝짝	박수 2번 친다.
찍찍 찍찍	양손을 X로 한 후 주먹을 쥐었다가 폈다를 2번 한다.
짝짝	박수 2번 친다.
야옹	야옹 동작 1번 한다.
짝	박수 1번 친다.
찍찍	찍찍 동작 1번 한다.
짝	박수 1번 친다.
야옹 찍찍 짝짝	야옹 찍찍 동작을 1번씩 한 후 박수 2번 친다.

18. 형님박수

내 용	동 작 설 명
행님아 행님아	옆 친구의 어깨를 두드렸다가 박수를 2번 친다.
짝짝	박수 2번 친다.
동생아 동생아	옆 친구의 머리를 쓰다듬다가 박수를 2번 친다.
짝짝	박수 2번 친다.
행님아	행님아 동작 1번 한다.
짝	박수 1번 친다.
동생아	동생아 동작 1번 한다.
짝	박수 1번 친다.
행님아 동생아 짝짝	행님아 동생아 동작을 1번씩 한 후 박수 2번 친다.

19. 아기박수

내　　용	동 작 설 명
생글 생글	손가락 하나를 볼에 살짝 댔다가 박수 2번 친다.
짝짝	박수 2번 친다.
아잉 아잉	양손을 주먹을 쥐고 볼에 살짝 댔다가 박수를 2번 친다.
짝짝	박수 2번 친다.
생글	생글 동작 1번 한다.
짝	박수 1번 친다.
아잉	아잉 동작 1번 한다.
짝	박수 1번 친다.
생글 아잉 짝짝	생글 아잉 동작을 1번씩 한 후 박수 2번 친다.

20. 내코 네코 박수

내　　용	동 작 설 명
내코내코	검지 손가락으로 내코를 두 번 살짝 누른다.
짝짝	박수를 두 번 친다.
네코네코	상대방 또는 가상의 상대방이 있다고 생각하고 상대방의 코를 두 번 살짝 누른다.
짝짝	박수 두 번 친다.
내코, 짝	나의 코를 한 번 찌른 후, 박수를 한 번
네코, 짝	상대방 코를 한 번 찌른 후, 박수를 한 번
내코니코	내코를 한 번 찌른 후, 상대방의 코를 한 번 찌른다.
짝짝	박수를 두 번 친다.

21. 이쪽 저쪽 박수

내 용	동 작 설 명
이쪽 이쪽	고개를 왼쪽으로 기울이고 팔을 왼쪽으로 쭉 뻗은 후, 팔을 가슴쪽으로 주먹을 쥐고 접는다. 팔꿈치를 2번 흔든다.
짝짝	박수를 2번 친다.
저쪽 저쪽	고개를 오른쪽으로 기울이고 팔을 오른쪽으로 뻗은 후, 팔을 가슴쪽으로 주먹을 쥐고 접는다. 팔꿈치를 2번 흔든다.
짝짝	박수를 2번 친다.
이쪽	고개를 왼쪽으로 기울이고 팔을 왼쪽으로 쭉 뻗은 후, 팔을 가슴쪽으로 주먹을 쥐고 접는다. 팔꿈치를 한번 흔든다.
짝	박수 한번 친다.
저쪽	고개를 오른쪽으로 기울이고 팔을 오른쪽으로 쭉 뻗은 후, 팔을 가슴쪽으로 주먹을 쥐고 접는다. 팔꿈치를 한번 흔든다.
짝	박수 한번 친다.
이쪽 저쪽	고개를 좌 · 우로 흔들면서 위의 이쪽, 저쪽 방식으로 팔을 왼쪽 오른쪽 한번씩 흔든다.
짝짝	박수를 2번 친다.

22. 위로 아래로 박수

내 용	동작설명
위로 위로	고개를 위로 들고 손바닥이 얼굴을 바치듯이 양손을 마주보게 펴서 위로 두 번 흔든다.
짝짝	박수를 2번 친다.
아래로 아래로	고개를 아래로 내리고 손등이 보이게 양 손을 마주보게 펴서 아래로 두 번 흔든다.
짝짝	박수를 2번 친다.
위로	고개를 위로 들고 손바닥이 얼굴을 바치듯이 양 손을 마주보게 펴서 위로 한번 흔든다.
짝	박수 한번 친다.
아래로	고개를 아래로 내리고 손등이 보이게 양 손을 마주보게 펴서 아래로 한 번 흔든다.
짝	박수 한번 친다.
위로 아래로	위의 위로, 아래로 방식을 한 번씩 한다.
짝짝	박수 2번 친다.

제 3 장
놀이와 게임지도

1. 놀이와 게임의 차이점
2. 레크리에이션 게임(GAME)
3. 놀이와 게임의 실제

1. 놀이와 게임의 차이점

레크리에이션에서 놀이와 게임은 그 개념이 다르다.

1) 놀이(play) – 놀이는 동양의 문화이며 게임보다 광범위하고 게임과는 달리 꼭 상대를 필요로 하지 않으며 리더나 심판자가 별도로 없어도 무방하다.

2) 게임(game) – 미국에서는 보통 스포츠 시합에 게임이란 용어를 사용한다.
이처럼 게임은 서양의 언어이며 상대가 있어야 하고 놀이보다 복잡하고, 체계적이며 조직된 형태를 갖추고 있다.
게임은 규칙을 지키면서 상대와의 경쟁에서 승리하는 것이다.
게임은 리더가 심판의 역할을 해야 하며 공정해야 한다.

2. 레크리에이션 게임

1) 게임의 의의

게임을 즐기는 것은 인간이 지닌 천성의 하나이다. 사람이 행복하고 만족스러운 생활을 할 수 있느냐 없느냐는, 각자가 여가를 현명하게 활용하는 능력과 환경 그리고 조건에 달려있다.

장난이나 유희를 안하는 어린이는 바보가 된다는 서양의 속담도 있다. 좁은 뜻으로는 게임이란 힘(Strength)과 기능(Skill)과 기회(Chance)를 이용한 재미있고 흥미로운 놀이이며, 광범위한 의미에서 우리가 즐길 수 있는 모든 것이 게임이다.

게임이나 스포츠는 많은 사람들이 즐길 수 있는 활동이다. 특히 게임은 여러 종류가 있으며, 여러 모임에서 장소에 구애됨이 없이 어디서나 즐길 수 있는데 이것은 인간이 지닌 천성중의 하나이기 때문이다.

게임에는 경쟁적 요소와 흥미가 포함되어 있기 때문에 남녀노소 누구나 즐길 수 있을 뿐만 아니라 화기애애한 분위기를 조성하는데 효과적이다. 그리고 게임을 통해서 리더쉽, 친선, Fellow-ship, Team-work, 협조, 이해 등 사회적 성격을 함양하는데 도움을 주며, 바람직한 인간관계를 형성하는데 의의가 있다.

2) 게임의 요소

(1) 언제든지(간편성)
(2) 어디서나(보편성)
(3) 누구하고든지(대중성)
(4) 재미있고(흥미성)
(5) 거침없이(건강성)
(6) 다같이 즐기며(협동성)
(7) 규칙을 지키는(준법성) 등의 요소로 집약된다.

게임은 가장 인간적인 기술이다. 그것은 유아의 놀이로부터 시작하여 노인들의 조용한 장기, 바둑에 이르기까지 인간이 생활하고 있는 온갖 장소에 얼굴을 내밀고 있다. 명절이 되면 멀리 흩어져있던 가족들이 오랜만에 모여 즐기는 것도 게임이며 세계 각국의 스포츠맨들이 힘과 기를 겨루는 올림픽도 「올림픽 게임」이라고 불린다.

결국 게임은 가장 훌륭한 전인 교육방법의 하나이며 생활의 활력소라고 할 수 있다.

3) 게임의 분류

게임은 인간 발달과 아주 밀접한 관계가 있기 때문에 이러한 원리들을 활용하면 많은 도움을 받을 수 있다.

(1) 장소에 의한 분류: 실내, 실외, 차내, 무대
(2) 동작에 의한 분류: 정적, 동적
(3) 대상에 의한 분류: 유아, 청소년, 청년, 성인, 노인, 일반, 장애인, 환자, 커플, 단체, 팀, 집단...
(4) 대형에 의한 분류: 강의형, 자유형, 횡대, 종대, 단원, 이중 원, 대표, 특수대형
(5) 목적에 의한 분류: 지적발달, 감각발달, 미술 공작 발달, 음악능력발달, 인사소개, 신체능력발달, 도구 활용, 전통 민속놀이, 분위기 조성..

4) 게임의 지도 방법

게임은 올바르고 교육적으로 지도할 때 가치가 있다.

(1) 게임을 하기 전에 분위기를 조성한다.
(2) 게임의 설명은 간단 명료하게 한다.
(3) 게임에 대한 연구와 사전 준비를 해둔다.

아무리 간단한 게임이라도 치밀한 사전 준비를 하고, 작은 것이나마 상품을 준비하면 매우 효과적이다.

(4) 게임에 있어서 방관자가 없도록 한다.
   - 규칙을 쉽게 하고 항상 변화와 융통성을 유지한다.
   - 벌칙 게임은 모욕감을 느끼지 않도록 한다.
   - 참가자 스스로가 소리를 낼 수 있는 게임부터 시작하면 좋다.

(5) 대상과 장소에 따라 종목을 선택한다.

(6) 게임의 종료를 적절하게 한다.

(7) 게임을 리듬화 한다.

(8) 아무리 재미있는 게임이라도 반복하지 않는다.

(9) 게임을 하는데 있어서 경쟁보다는 협조적으로 이끌어 나가야 한다.

(10) 게임의 설명이나 진행이 잘 되지 않으면 다른 게임으로 빨리 전환한다.

(11) 반칙은 절대로 인정하지 않는다.

(12) 예상되는 게임 수의 2배를 준비한다.

5) 유아 · 아동놀이와 게임 지도시 유의사항

(1) 안전사고에 유의한다.
   - 격렬한 몸동작을 자재시킨다.
   - 연령에 적절한 놀이도구를 사용한다.

(2) 지나치게 흥분된 분위기를 삼가한다.

(3) 프로그램에 맞는 활동 공간과 장소를 선정한다.

(4) 대상연령에 적절한 교육적인 용어를 사용한다.

(5) 모든 아동에게 항상 공정하게 대하도록 한다.

(6) 경쟁이 아닌 용기와 격려를 나누도록 한다.

3. 놀이와 게임의 실제

1 누가 강아지 뼈를 가져갔나?(원 게임)

- 준비물 : 방울이 달린 뼈 모형
- 인 원 : 전원
- 대 형 : 원 대형
- 방 법 : ① 유아들은 원으로 모여 앉는다.
  ② 원으로 앉아 있는 유아 중 한명이 방울달린 뼈를 가져간다.
  ③ 술래인 유아(강아지 역할)는 원안에서 방울소리가 어디서 나는지 경청한다.
  ④ 뼈를 가져간 유아는 뒷짐 지고 뼈를 흔들어 방울소리를 내며, 뼈를 가지고 있지 않은 유아도 뼈를 가지고 간 것처럼 몸을 흔들어 준다.
  ⑤ 강아지가 된 유아는 뼈를 가져갔다고 생각되는 사람을 찾으면 찾았다! 라고 외친다.

·· 주의력과 관찰력을 기르며, 친구에게 관심을 가질 수 있다

2 쥐와 고양이(원 게임)

- 준비물 : 초시계, 고양이 쥐 머리띠
- 인　원 : 전원
- 대　형 : 원 대형
- 방　법 : ① 손을 잡고 원을 만든다.
  ② 고양이와 쥐를 한명씩 선정한다.
  ③ 고양이는 원 밖에, 쥐는 원 안쪽에서 시작한다.
  ④ 원을 만든 아이들은 잡은 손을 위아래로 하기도 하고 좁혔다, 넓혔다 하여 고양이가 쥐를 잡지 못하도록 고양이를 방해한다.
  ⑤ 쥐는 고양이를 피해 제한 시간동안 잡히지 않도록 신나게 도망 다닌다.
  ⑥ 제한된 시간 내에 잡히면 쥐는 고양이에게 큰절을 올린다.
  제한된 시간 내에 고양이가 쥐를 잡지 못하거나 혹은 고양이에게 잡히는 쥐는 간단한 벌칙을 주어도 재미있다.
  (엉덩이로 이름쓰기, 코끼리 코 돌기, 큰절 올리기...)

3 포위망 탈출

- 준비물 : 초시계
- 인 원 : 전원
- 대 형 : 원형
- 방 법 : ① 한 팀은 손을 잡고 원을 만들고 상대편에서 5~6명을 포로로 정한다.
  ② 잡은 손을 위아래로 하기도 하고 좁혔다, 넓혔다 하여 상대편 친구가 원 밖으로 나가지 못하게 한다.
  ③ 원안에 있는 아동들은 빠져 나갈 방법을 궁리한다.
  ④ 제한된 시간 내에 빠져 나온 인원의 숫자를 세어 많은 팀이 승리한다.

4 빙빙 돌아라(그룹정하기)

- 준비물 : 호루라기
- 인　원 : 전원
- 대　형 : 원 대형 자유롭게
- 방　법 : ① 전원이 원형으로 시계바늘과 반대방향으로 노래 부르면서 돈다.
  ② 한창 노래가 고조되었을 때 교사가 호루라기를 불고 인원수를 표시한다.
  ③ 인원수를 표시하면 행진을 멈추고 숫자대로 그룹을 만든다.
  ④ 그룹을 형성하지 못한 유아는 탈락되고 게임을 계속 진행한다.
  ⑤ 마지막 남은 1~3명을 승리자로 한다.

•• 탈락한 아동이 모여 있을 안전한 장소를 미리 지정하여준다.

5 말 전달하기

- 준비물 : 연필, 종이
- 인 원 : 전원 팀별로 일렬
- 대 형 : 일렬 대형
- 방 법 : ① 각 팀으로 나누어 일렬로 정렬하여 앉는다.
  ② 맨 앞의 아동을 제외한 모든 아동은 뒤를 돌아보고 앉는다.
  ③ 교사는 맨 앞에 앉은 아동에게 준비한 말을 전달한다.
  ④ 말을 뒷사람에게 전달한 아동은 다시 앞을 보고 앉는다.
  ⑤ 맨 뒤에 전달받은 아동은 종이에 써서 선생님에게 전달한다.
  ⑥ 가장 정확하게 전달한 팀이 승리한다.

·· 속담이나 동물이름, 동화책 제목을 활용하여 전달게임을 할 수 있다.

예 속담카드

가는 말이 고와야
오는 말이 곱다

예 동화책 제목

백설 공주와 일곱 난장이

6 내가 의자왕

- 준비물 : 의자나 방석
- 인　원 : 두 팀 전원
- 대　형 : 원 대형
- 방　법 : ① 두 팀으로 나누어 한 팀은 둥글게 원을 구성하고(안쪽 큰원), 다른 한 팀은 원 바깥쪽으로 더 큰 원을 구성한다.
  ② 원 안쪽에 있는 아동부터 게임을 시작한다.
  ③ 옆 친구와 손을 잡고 "둥글게, 둥글게" 노래에 맞추어 시계방향으로 돌다가 교사가 호루라기를 불면 준비된 의자에 앉는다. 의자는 8개 - 6개- 4개 - 2개 - 1개 순으로 줄여나간다.
  ④ 의자에 앉지 못한 아동은 바깥 원 친구들 옆에 앉아서 게임을 함께 지켜본다.
  ⑤ 마지막 의자를 차지한 아동이 의자왕 박수를 받는다.

•• 딱딱한 의자가 안전상 무리가 되면 방석을 사용해도 좋다.

7 훌라후프 릴레이(원 게임)

- 준비물 : 훌라후프
- 인 원 : 팀별 전원 (2팀 혹은 세 팀)
- 대 형 : 원 대형
- 방 법 : ① 조별로 둥글게 원을 구성한다.
  ② 옆 친구와 모두 손에 손을 잡는다.
  ③ 조별로 훌라후프 하나를 손을 놓치지 않은 자세로 옆으로 전달하며 몸으로 통과한다.
  ④ 전원이 먼저 후프를 통과한 팀에게 점수를 준다.

8 집중공격 (원 게임)

- 준비물 : 모자
- 인　원 : 10 ~ 30명
- 대　형 : 원형
- 방　법 : 모자 하나를 친구 오른쪽으로 돌리라고 하고 다른 모자 하나를 반대로 왼쪽으로 돌리기로 한다.

  ① 호루라기를 불면 2개의 모자를 반대로 돌린다.

  ② 모자가 한 유아에게 2개가 모아지면 그 아동이 모자를 가지고 나오고 벌칙자가 된다.

  ③ 아동이 많으면 모자 여러 개를 준비하여 ②번과 같이 아동들 사이에 모자를 돌리게 한다.

  ④ 선생님과 같이 노래를 부르며(또는 신나는 음악을 준비한다) 게임을 진행하여 벌칙자가 2명이상 나오게 한다.

  ⑤ 벌칙자는 장기자랑을 한다.

  ⑥ 벌칙자가 장기 자랑을 안 하면 미리 쪽지를 준비하여 벌칙에 관한 것을 뽑기를 하기도 한다.

•• 벌칙카드 노래 부르기, 엉덩이로 이름쓰기, 음악 듣고 춤추기, 동물 흉내 내기, 패션쇼 하기, 닭싸움 날 따라 해봐요(동요를 들으며 벌칙자가 한 명씩 나와 몸을 움직이면 그 동작을 따라한다)

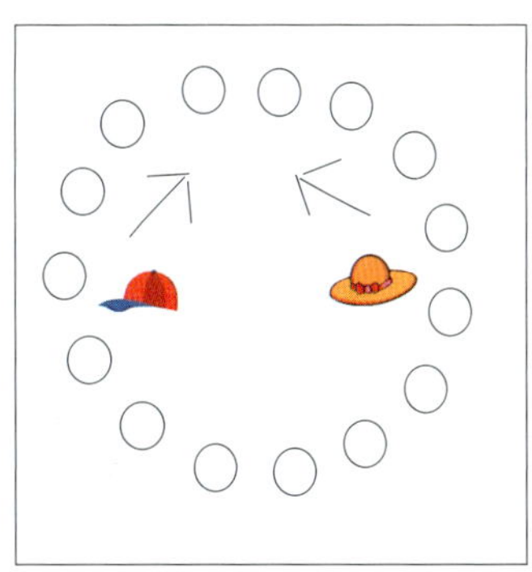

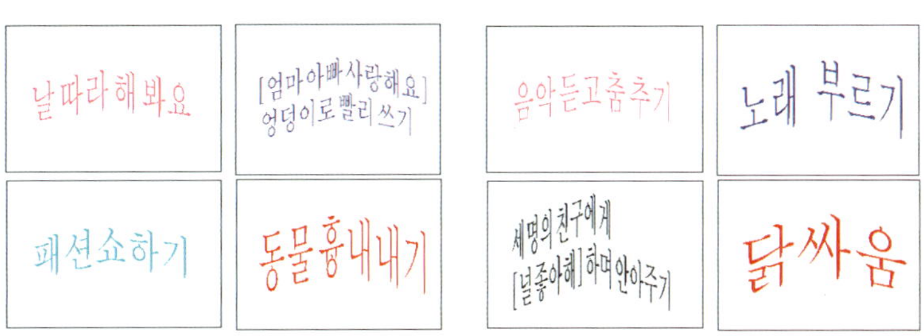

9 풍선 터뜨리기

- 준비물 : 빨강풍선, 파랑풍선
- 인 원 : 전원
- 대 형 : 팀별 일렬
- 방 법 : ① 같은 2개의 원안에 풍선을 인원수(빨간 팀, 파란 팀)만큼 넣어 둔다.
  ② 두 팀이 바톤 터치로 한 사람씩 자기 팀의 색깔풍선을 터뜨리고 온다.
  ③ 가장 먼저 터뜨린 팀이 승리한다.
  ④ 일정한 시간을 정해서 할 수도 있다.
  ⑤ 원 밖에서 터뜨리면 안된다.

10 인간기차

- 준비물 : 없음
- 인 원 : 전원
- 대 형 : 팀별 이열
- 방 법 : ① 각 팀의 2명이 마주보고 손을 잡는다.(터널 만듬)
  ② 출발신호와 함께 짝과 손을 잡고 터널로 달려가 터널을 통과하고, 자기 짝과 또 하나의 터널을 만든다.
  ③ 이 방법을 계속하여 가장 빠르게 터널을 통과하고 길게 터널을 만든 팀이 승리한다.
  ④ 인간터널을 통과할 때 다치지 않도록 주의한다.
  ⑤ 이긴 팀은 한줄기차로 진 팀의 터널 속으로 노래 부르며 지나간다.

11 꼬리잡기

- 준비물 : 모자나 풍선, 티슈
- 인 원 : 4 ~ 6명씩
- 대 형 : 팀별 일렬
- 방 법 : ① 두 팀으로 나누어 뒷사람은 앞사람의 허리를 잡고 맨 끝 아동에게는 모자를 쓰게 하거나 풍선을 달아준다.
  ② 선생님의 신호에 따라 맨 앞에선 아동은 상대팀 뒷사람의 풍선을 잡는다.
  ③ 줄이 끊어지면 지게 된다.
  ④ 안전사고를 유의한다.
  ⑤ 유아의 경우 꼬리가 길면 진행이 어려우므로 같은 팀 에서도 조를 나누어 여러번 게임을 진행한다. 이때, 같은 팀 친구를 응원하도록 분위기를 조성할 수 있다.

12 풍선운반

- 준비물 : 풍선, 신문지
- 인 원 : 팀별 전원
- 대 형 : 팀별 일렬
- 방 법 : ① 양 팀으로 나누어 한 팀에 신문지 한 장과 풍선 1개를 준다.
  ② 신문지를 펼쳐 네모서리를 잡고 풍선을 올린다.
  ③ 전방 반환점을 돌아와 다음 주자에 넘겨준다.
  ④ 떨어뜨리지 않고 빨리 끝난 팀이 승리한다.

신문지 대신에 보자기나 수건을 이용할 수 있다.
바람이 없는 장소에서 진행하도록 한다.

13 누가 제일인가

- 준비물 : 없음
- 인 원 : 전원
- 대 형 : 자유대형
- 방 법 : ① 인원에 따라 팀을 2 ~ 6팀으로 나누고 팀별 대표를 뽑는다.
  ② 선생님이 지시한 내용에 따라 각 팀과 대표는 자기 팀에서 가장 적합한 친구를 선정하여 데리고 나온다.
  ③ 예로서 키가 제일 큰 친구, 머리가 가장 긴 친구, 제일 날씬한 친구 등 특징을 이야기한다.
  ④ 많은 문제를 빨리 해결한 팀이 승리하게 된다.

14 발로 공 전달하기

- 준비물 : 탱탱볼
- 인　원 : 팀별 전원
- 대　형 : 팀별 원형
- 방　법 : ① 두 팀으로 나눠 원형으로 앉은 후, 양 쪽 팀에게 공을 나눠 준다.
  ② 멤버들은 각자 양 발을 원 안쪽으로 향하고 엉덩이를 바닥에 붙인다.
  ③ 양 발 끝으로 공을 집어 올린다.
  ④ 교사가 호루라기를 불며 시작신호를 한다.
  ⑤ 팀 별로 오른쪽 옆 사람에게 공을 발로 전달한다.
  ⑥ 오른쪽으로 공을 전달해서 제일 먼저 마지막 아동에게 공이 도착한 팀이 이기게 된다.

공을 전달할 때 양손으로 땅을 짚고 있어야 하고 손을 사용해서는 안된다.
공을 떨어뜨렸을 경우에는 공을 주워 와서 원래 자리에 앉은 다음 다시 집어 올려, 게임을 계속한다.
공을 2~3개로 늘려서 모든 공을 빨리 전달한 팀이 승리하는 것으로 응용할 수 있다.

15 공위로 나르기 게임

- 준비물 : 탱탱 볼, 바구니
- 인 원 : 전원
- 대 형 : 팀별 일렬
- 방 법 : ① 팀을 2팀으로 나눈다.
  ② 각 팀은 한 줄로 나란히 앉거나 선다.
  ③ 게임이 시작되면 맨 앞에 앉은 아동부터 뒷사람에게 공을 전달한다.
  ④ 앞은 본 상태에서 머리 위로만 공을 전달하도록 한다.
  ⑤ 맨 뒤에 앉아있는 아동까지 도착하면 공을 가지고 달려 나와 출발점의 바구니 안에 먼저 놓고 오면 이긴다.

16 공 아래로 나르기 게임

- 준비물 : 탱탱 볼, 바구니
- 인　원 : 전원
- 대　형 : 팀별 일렬
- 방　법 : ① 팀을 2팀으로 나눈다.
  ② 각 팀은 한 줄로 나란히 두 다리를 벌리고 선다.
  ③ 게임이 시작하면 맨 앞에 선 아동부터 뒷사람에게 공을 전달한다.
  ④ 다리 사이로(아래로) 공을 전달한다.
  ⑤ 끝에 있는 아동까지 도착하면 끝에 있는 아동이 출발점에 있는 바구니로 달려 나와 공을 먼저 담으면 이긴다.

17 풍선 튕기기

- 준비물 : 풍선
- 인 원 : 한 팀당 4~8명
- 대 형 : 팀별 원형
- 방 법 : ① 한 팀은 제자리에 앉아 있고 다른 한 팀은 옆에 친구들과 손을 잡고 원을 만든다.
  ② 옆에 친구와 잡은 손은 절대로 놓지 않도록 한다.
  ③ 한 팀이 전체가 손을 잡은 상태에서 풍선을 튕기면 다른 팀은 몇 개인지 소리 내어 세어준다.
  ④ 옆에 친구들과 손을 잡고 하는 게임이므로 부딪히지 않도록 조심한다.

평가

친구들과 함께 풍선 게임을 해봤는데요. 옆에 친구와 함께 움직이지 않으면 게임이 잘 되지 않았죠? 혼자 할 때 잘 되는 것도 있지만 옆에 친구와 함께 하면 더 잘 된다는 것을 알았으니까 앞으로 옆에 친구들과 도와가며 지낼 수 있도록 해요.

18 떼 닭싸움

- 준비물 : 없음
- 인　원 : 팀별로 3 ~ 5명 정도씩
- 대　형 : 팀별 일렬
- 방　법 : ① 두 팀으로 나누어서 상대편을 마주보고 일렬로 앉는다.
  ② 팀별로 3~5명 정도씩 가운데로 나와서 선다.
  ③ 교사의 신호에 따라 닭싸움을 시작한다.
  ④ 닭다리가 풀어지거나 넘어지면 제자리로 들어간다.
  ⑤ 제한된 시간에 남아있는 아동이 많은 편이 이긴다.

•• 유아의 안전을 고려하여 진행한다.

19 상대편 포로 잡기

- 준비물 : 없음
- 인　원 : 팀별로 5 ~ 6명씩 진행
- 대　형 : 팀별일렬 마주보고
- 방　법 : ① 양 팀을 같은 인원수로 나눈다.
  ② 약 20m 간격을 두고 평행선을 긋고 상대편을 마주보고 앉는다.
  ③ 각 팀에서 5~6명 정도씩 일어난 후, 호각신호와 함께 상대편을 자기 팀 구역으로 끌어 온다.
  ④ 끌려온 사람은 상대팀 자리에 그대로 앉아 있는다.
  ⑤ 일정한 시간 후 종료하여 더 많이 상대편을 잡아온 팀이 승리한다.

팔을 억지로 잡아끄는 등 안전사고에 유의한다.

20 아름답게 표현하기

- 준비물 : 없음
- 인 원 : 전원
- 대 형 : 조별원형
- 방 법 : ① 두 조씩 짝을 맞춘다.(예 - 1조와 2조, 3조와 4조)
  ② 조원끼리 둥글게 원을 만든다.
  ③ 노래를 맞춰 원을 그리며 돌다가 교사가 명령을 내린다.
  "잎이 5개인 꽃모양을 만드세요", "동물농장을 만드세요"
  "부채모양을 만드세요", "피라미드 쌓기" 등..
  ④ 교사가 내린 명령을 빨리 실행하는 조에게 점수를 준다.
  ⑤ 점수를 가장 많이 받은 조에게 상품을 준다.

·· 게임을 통해 조원끼리 협동해가는 과정에 비중을 둔다.

21 양말을 널어요

- 준비물 : 양말, 바구니, 빨래줄
- 인 원 : 10 ~ 30명
- 대 형 : 두 팀 일렬
- 방 법 : ① 두 편으로 나눈다.
  ② 출발점에 양말을 바구니에 담아 빨래줄 까지 달려간다.
  ③ 양말을 빨래 줄에 널고 빨래집게로 고정시킨다.
  ④ 바구니를 다음 사람에게 전해 준다.
  ⑤ 뒷사람은 달려가서 빨래를 걷어 바구니에 담아 가져온다.
  ⑥ 릴레이로 게임을 계속한다.
  ⑦ 먼저 끝나는 팀이 이긴다.

확장활동

- 유아 수만큼 양말을 준비하여 차례대로 빨래 줄에 널고 온 후 다시 차례대로 걷어오기 활동을 한다.
- 조끼, 저고리, 바지, 등을 빨래 줄에 널거나 또는 개기 활동게임을 할 수 있다.

22 풍선 터뜨리기

- 준비물 : 풍선 인원수의 반, 끈
- 인　원 : 2인 1조
- 대　형 : 팀별 일렬
- 방　법 : ① 2인 1조로 구성하여 2팀 이상이 실시한다.
  ② 풍선을 불어서 등이나, 히프, 배 등 교사의 지시에 따라 달아맨다.
  ③ 시작신호와 함께 서로 몸을 맞대어 풍선을 빠른 시간내에 터뜨린다.
  ④ 손은 절대로 사용해서는 안되며 빨리 터뜨린 편이 승리하게 된다.

** 참가한 아동이 잘 터트릴 수 있도록 너무 질긴 풍선을 사용하지 않는다.

23 풍선을 이용한 놀이

- 준비물 : 풍선, 음악CD
- 인　원 : 전원
- 대　형 : 자유대형
- 방　법 : ① 풍선 발로 오래차기
  ② 풍선 검지 손가락으로 오래 튕기기
  ③ 풍선 주먹으로 오래 튕기기
  ④ 풍선 머리로 오래 튕기기
  ⑤ 풍선 무릎에 끼고 달리(걷기)시합

24 발목잡고 뛰기

- 준비물 : 반환점
- 인 원 : 전원
- 대 형 : 팀별 일렬
- 방 법 : ① 무릎을 편채 발목을 잡고 반환점을 돌아온다.
  ② 다리근육 운동에 매우 효과적이며 유연성을 기른다.
  ③ 오리걸음으로 하는 등 여러 가지 자세로 변형하여 게임을 할 수 있다.

25 공받기 놀이

- 준비물 : 탱탱 볼
- 인 원 : 조별
- 대 형 : 원형
- 방 법 : ① 각 팀은 가장 잘 받고 정확히 던지는 사람을 투수로서 선정한다.
  ② 각 팀은 원안의 투수를 마주보고 1번부터 받고 다시 투수한테 던져 준다.
  ③ 공받기를 끝난 참가자는 앉는다.
  ④ 전원이 먼저 끝나는 팀이 승리한다.

26 고기를 잡아라(어부게임)

- 준비물 : 없음
- 인 원 : 두 팀 전원
- 대 형 : 자유대형
- 방 법 : ① 두 팀으로 나누어 앉는다. (어부 : 물고기 한 번씩 역할을 바꾼다.)
  ② 한 팀은 전체가 물고기가 되고, 반대 팀에서 2~ 3쌍 정도 어부를 정한다.
  ③ 어부가 된 친구는 두 손을 마주잡고 물고기가 된 상대편 친구를 잡는다.
  ④ 잡힌 친구는 상대편의 자리에 가서 앉는다.
  ⑤ 제한 된 시간에 교사가 호루라기를 불고 게임을 종료한다.
  ⑥ 잡힌 물고기가 몇인지 세어보고 많은 팀이 점수를 받는다.

유의점 안전을 고려하여 넓고 안전한 장소에서 실시하고, 어부가 된 아동은 두 손을 놓치지 않도록 주의를 준다.

27 손수건 돌리기

- 준비물 : 손수건, 신호악기
- 인 원 : 전원
- 대 형 : 원형
- 방 법 : ① 원형으로 둘러앉는다.
② 손수건 한 장은 원 밖의 오른쪽으로 돌리고 다른 한 장은 원안의 왼쪽으로 돌린다.
③ 음악을 들으면서 게임을 진행한다.
④ 게임 도중에 교사가 호루라기나 신호음을 보내면 가던 방향을 바꾼다.
⑤ 손수건이 돌다가 어느 한사람을 집중해 한꺼번에 두 개가 모이게 되면 그 사람은 벌칙을 받게 된다.

·· 벌칙 풍선을 엉덩이로 터뜨린다.

28 꼬리 늘리기

- 준비물 : 꼬리대용 휴지나 끈
- 인 원 : 전원
- 대 형 : 자유대형
- 방 법 : ① 동그란 원으로 서서 춤을 추다가 노래가 멈추면 옆 사람과 가위- 바위 -보 한다.
② 진 사람은 이긴 아동 뒤에 가서 허리를 잡고 붙는다.
③ 각자 떨어진 상태에서 함께 다시 노래에 맞춰 춤을 추다가 가위 바위 보를 한다.
④ 계속 반복해서 2명→4명→8명...으로 늘려 가는데 2팀이 나눠 질 때 까지 한다.
⑤ 두 팀이 나누어 졌으면, 꼬리잡기 게임을 한다.
⑥ 꼬리잡기 게임에서, 꼬리 잡은 팀이 이기는 게임이다.

·· 꼬리로 끈이나 휴지, 풍선 등을 이용할 수 있다.

29 신문지 오르기

- 준비물 : 신문지, 호루라기
- 인　원 : 팀별 5~6명
- 대　형 : 자유대형
- 방　법 : ① 5명 정도로 나누어서 팀을 만든다.
  ② 교사가 모든 팀에게 신문지 한 장씩 나누어 준다.
  ③ 호각 소리에 맞춰 한 장의 신문지 위에 팀원이 올라선다.
  ④ 호각을 불어 5초 동안 신문지 위에서 발이 나오지 않은 팀은 성공을 한 것이며 다음 게임을 할 수 있고, 실패한 팀은 자리에 앉아 다른 팀의 경기를 지켜보며 응원을 한다.
  ⑤ 성공한 팀은 신문지를 반으로 접어서 게임을 반복한다.
  ⑥ 마지막 한 팀이 남으면 그 팀에게 승리의 박수를 쳐준다.

•• 신문지가 잘 찢어지므로 접을 수 있는 대용품을 써도 무방하다.

30 뜨거운 감자

- 준비물 : (빨간)풍선이나, 공
- 인 원 : 10 ~ 30명
- 대 형 : 원형
- 방 법 : ① 둥글게 원으로 앉고 원안에 아동 한명이 풍선을 들고 있도록 한다.
  ② 풍선을 뜨거운 감자라고 생각하고, 풍선을 든 아동은 일어나서 다른 아동에게 풍선을 전달한 뒤 자신의 자리로 돌아와 앉는다.
  ③ 풍선을 건네받은 아동은 또다시 일어나 풍선을 다른 아동에게 건넨 뒤 자리로 돌아와 앉는다.
  ④ 노래가 끝났을 때 풍선을 들고 있는 아동이 벌칙을 받는다.
  ⑤ 게임이 익숙해지면 두 개의 풍선을 이용해서 게임을 할 수 있다.

31 무조건 붙어라

- 준비물 : 없음
- 인 원 : 두 명씩 짝 이루고 전원
- 대 형 : 자유대형
- 방 법 : ① 술래한명과 도망자 한명을 정한다.
  ② 나머지 아동은 둘씩 짝을 지어 팔짱을 꼭 끼게 한다.
  ③ 술래는 도망자를 잡으러 가는데, 도망자는 도망하다가 둘씩 짝지어져 있는 팀에 붙는다. (오른쪽, 왼쪽 상관없이)
  ④ 도망자가 팔짱낀 사람의 반대쪽 아동은 떨어져 나가서 도망자가 된다.
  ⑤ 반복적으로 이루어지며, 잡히면 술래가 된다.
  교사는 미리 "이번에 잡힌 사람은 벌칙을 주겠다"고 예고할 수 있다.

게임 규칙

- 팔짱을 낀 팀은 술래를 피해 도망 하지 않고 제자리에 서 있는다.
- 게임 중 술래가 두 번이상이 되거나, 마지막 게임 때 술래가 되는 사람은 벌칙.
- 게임시작 : 짝짓기 게임에서 짝이 된 두 명이 팔짱을 끼는 걸로 시작 할 수 있다.

32 과일사세요.

- 준비물 : 고깔모자
- 인 원 : 10 ~ 30명
- 대 형 : 원형
- 방 법 : ① 술래 한명을 정한 후, 원 대형으로 앉힌다.

② 술래는 과일아저씨가 되고, 원에 앉아있는 아동에게 순서대로 과일 이름을 정해준다.

③ 1번째-사과, 2번째-딸기, 3번째-수박, 4번째-바나나, 5번째-키위 다시, 사과-딸기-수박... 반복되며 원을 이룬 모든 아동은 각각 자신의 과일 이름을 갖게 된다.

④ 과일 아저씨는 모자를 쓰고, 원 중앙에 선다. 5가지 과일 이름 중 한 가지 생각한 후 "00 사세요"라고 외친다.

⑤ 이때 자신의 과일 이름에 해당하는 아동은 모두 일어나 서로 자리를 바꾼다.

⑥ 그 사이 술래도 빈자리에 재빠르게 앉는다.

⑦ 자리에 앉지 못한 사람이 술래로 과일 아저씨가 되어 모자를 쓴 후 게임을 진행한다.

⑧ 만약 과일 아저씨가 "과일바구니~" 라고 외치면 모두 일어나 자리를 바꾸어야 한다.

·· 자리바꾸기 게임으로 서로 친하지 않았던 다양한 친구들의 옆자리에 앉아보도록 하는데 효과적이다.

33 게걸음 릴레이

- 준비물 : 풍선, 꽂꽂이의 꽃
- 인　원 : 10 ~ 30명
- 대　형 : 팀별 일렬
- 방　법 : ① 두 팀으로 나누고 각 팀을 2인 1조로 나눈다.
  각 조는 서로 등을 대고 팔짱을 낀 후 그 사이에 풍선을 낀다.
  ② 진행자의 출발신호와 함께 각 조는 풍선이 터지거나 떨어지지 않게 게걸음으로 걸어간다. 진행자가 준비한 꽂꽂이의 꽃을 한 개씩 뽑아 온다.
  ③ 다음 조에게 풍선을 넘겨준다.
  ④ 먼저 들어오는 팀이 이기는 것으로 점수판에 표시해둔다.
  ⑤ 활동이 끝난 후 모두에게 수고의 박수를 보낸다.

34 진드기 떼기(테이프 붙이기)

- 준비물 : 청 테이프
- 인　원 : 10 ~ 30명
- 대　형 : 자유대형
- 방　법 : ① 청 테이프를 잘라 한 아동 당 3 ~ 5개씩 옷에 붙여준다.
  ② 신호를 주면 주어진 시간동안 자기 옷에 붙은 청 테이프를 떼어 다른 사람에게 붙인다.
  ③ 주어진 시간이 지나면 청 테이프가 제일많이 붙은 아이를 앞으로 부른다.
  (아이들은 제일 적게 붙은 사람을 시상할 거라 기대한다.)
  ④ 앞에 나온 아이를 보고 모두 청 테이프를 자기 옷에 붙이는 것을 싫어 하는데 다른 사람들이 싫어하는 것을 다 가졌다고 말하며 가장 많이 붙인 사람이 승자가 되는 게임이다.

35 돼지씨름

- 준비물 : 없음
- 인　원 : 5 ~ 6명씩 나누어 진행
- 대　형 : 팀별 마주보고 일렬
- 방　법 : ① 두 팀으로 나눠어 그어진 선을 따라 서로 마주보고 앉는다.
  ② 쪼그리고 앉아서 발목을 잡는다.
  ③ 그 상태에서 두 다리와 엉덩이로만 움직인다.
  ④ 상대방 다리를 들어 올려 넘어뜨리거나, 원 바깥으로 밀어내면 이긴다.
  ⑤ 마지막까지 남아있는 돼지 씨름 왕을 뽑는다.
  ⑥ 씨름 왕에게는 상장이나 작은 선물(스티커)을 증정한다.

Tip 팀을 나누어서 구성하면 나중에 적은 인원이 남았을 때 응원까지 유도가 가능하다.

36 O X 골든벨!(인지게임)

- 준비물 : 필기구
- 인 원 : 전원
- 대 형 : 자유대형
- 방 법 : ① 답을 적는 시간은 10초를 드립니다.
  10초중 남은 시간 3초는 제가 말로 3.2.1 이라고 알려 드릴 꺼예요.
  ② 답을 적으신 친구는 조용히 안보이게 가리고 있다가
  "하나, 둘, 셋! 들어주세요!"라고 말하면 답을 들어주세요.
  ③ 시간이 지났는데도 답을 계속 적거나 뒤를 돌아보거나 옆을 보았을 때는 탈락이 됩니다.
  ④ 문제가 나올 때에는 조용히 하고 들어주세요.

아동 골든 벨 문제

- 건널목을 건널 때는 노란불 일 때 건너야 한다. (X)
- 횡단보도를 건널 때는 손을 들고 건너야 한다. (O)
- 맛있는 것을 사주는 어른은 좋은 사람임으로 따라가도 된다.(X)
- 자전거를 잘 타는 사람은 두 손을 놓고 타도된다.(X)
- 더운 여름에는 아이스크림을 한꺼번에 많이 먹어도 된다.(X)
- 올챙이가 개구리가 될 때 뒷다리가 먼저 나온다. (O)
- 아버지의 누나는 나에게 고모가 된다. (O)
- 여왕벌은 5년 이상 살 수 있다.(0)
- 날개를 가진 새 중 가장 빠른 새는 독수리 이다.(X) – – 송골매
- 거북이가 잠을 잘 때는 머리를 집어넣고 잔다.(X)
- 북극곰은 겨울잠을 자는 동물이다.(X)
- 칠면조는 머리 색깔을 3가지 색으로 바꿀 수 있다 (0)
- 개에게 초코릿을 먹이는 것은 위험하다.(0)

37 2 인 3 각

- 준비물 : 고무줄
- 인 원 : 10 ~ 30명
- 대 형 : 두 팀 일렬 마주보고 (릴레이 형식)
- 방 법 : ① 두 아동이 한조가 되어 한쪽다리씩 고무줄에 다리를 넣는다.
  ② 호루라기 소리와 함께 약 5~7m 정도 되는 거리를 발맞추어 간다.
  ③ 책상 앞에 놓여 있는 사탕을 손을 대지 않고 허리를 숙여 사탕을 입에 넣는다.
  ④ 두 아동 모두 사탕을 입에 넣은 후 다시 발맞추어 출발점으로 돌아간다.
  ⑤ 서로 묶고 있던 고무줄을 빼서 다음 사람에게 넘겨준다.
  ⑥ 마지막 아동까지 똑같은 방식으로 이루어지는데, 먼저 들어오는 팀이 승리하게 된다.
  ⑦ 우승팀과 응원을 잘한 팀에게 포상한다.

〔게임대형〕

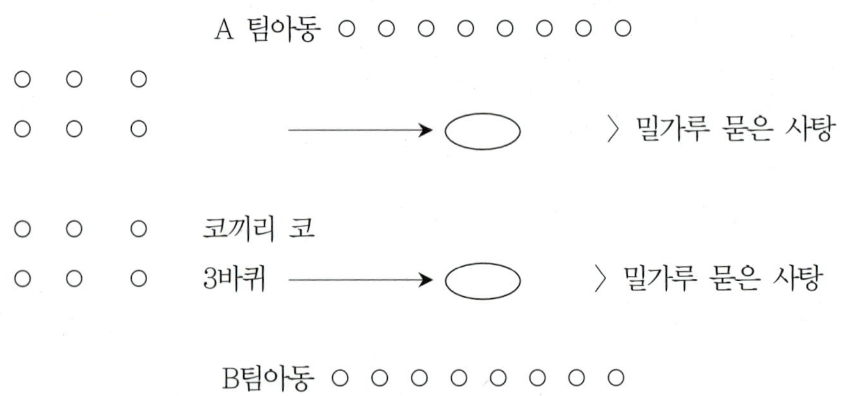

38 범인을 잡아라!

- 준비물 : 눈 가리게
- 인 원 : 10 ~ 30명
- 대 형 : 원형
- 방 법 : ① 전원이 원을 만들어 앉는다. 이때 술래 아동을 정하여 안대를 씌운다. 사회자는 임의의 한사람(범인)을 정하여 하고 싶은 동작을 하도록 한다.

  예 머리를 긁적거린다. 왼다리를 떤다. 박수를 친다. 두 손으로 무릎을 친다.

  ② 범인이 어떤 행동을 하면 나머지 참가자들은 그대로 따라서 한다. 술래는 안대를 풀고 현재 똑같은 행동을 하고 있는 모든 참가자 중에서 범인이 누구인지 찾아낸다.

  ③ 범인은 수시로 술래가 눈치 채지 못하게 하면서 다른 행동을 해야 되고 나머지 아동들은 바로 그 행동을 따라 한다.

  ④ 술래가 범인을 찾아내면 바로 그 아동이 술래가 된다.

  ⑤ 마지막게임에 걸린 술래는 벌칙을 받는다.

39 가위, 바위, 보 사탕 먹기

- 준비물 : 사탕
- 인 원 : 10 ~ 30명
- 대 형 : 두 팀 일렬
- 방 법 : ① 두 편으로 나누어 마주보고 앉고 양쪽에서 대표 한 사람씩을 뽑아 나오게 하여 의자에 가서 앉는다.
  이때 대표는 자기편이 아닌 상대편의 의자에 앉아야 한다.
  ② 출발 호루라기를 불면 맨 앞에 아동은 상대편의 대표가 앉아있는 의자까지 뛰어가서 가위, 바위, 보를 하고 사탕 있는 쪽으로 가서 사탕을 먹는다.
  (사탕을 먹을 때 양손을 사용하지 않고 입으로만 먹어야한다.)
  ③ 이때 가위, 바위, 보를 이겼을 땐 그곳을 통과하여 사탕을 먹고 다음 사람과 악수를 하면 되지만 만약 졌을 때는 이길 때까지 계속 가위, 바위, 보 해야 한다.

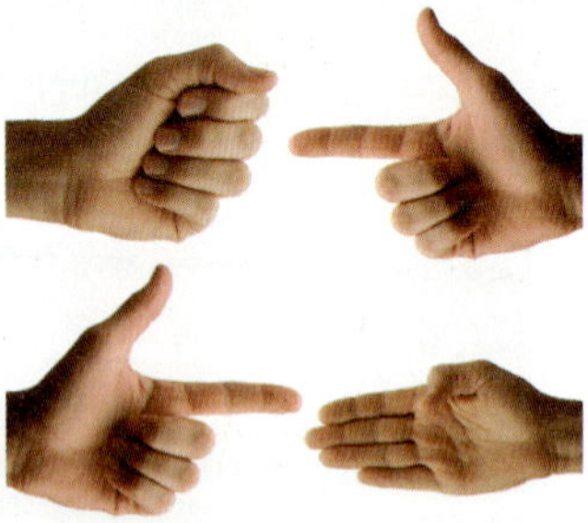

40 똑 같은 색을 찾아요.

- 준비물 : 색깔 시트지
- 인 원 : 10 ~ 30명
- 대 형 : 자유대형
- 방 법 : ① 아동들에게 시트지를 보여주면서 시트지를 몸에 붙이고 하는 활동을 할 것이라는 것을 알려 준다. (게임제목 알려주기, 같은색 찾기)
  ② 아동들 개인에게 각각 다른 색상의 시트지를 1장씩 총3장을 나누어 준다. (ex. 빨강 초록 파랑)
  ③ 다음으로 선생님이 먼저 3장의 시트지를 자신의 몸 붙이고 싶은 곳에 붙인다. (아동들에게 자유롭게 붙이는 것을 보여준다.)
  ④ 아동들도 시트지를 원하는 신체 부위에 붙일 수 있도록 도와준다.
  ⑤ 아동들이 시트지를 다 붙였는지를 확인한다.
  ⑥ 선생님은 아동 1명을 지목해서 도움을 받는다.

도움말

- 교사가 "초록"외치면 아동들은 친구들의 노랑과 자신의 노랑을 찾아 신체 부위를 맞대는 것이다.
- 교사는 지령을 "초록", "빨강", "파랑" 등으로 각 한 가지씩 지령을 내리는 방법과 "초록과 빨강" 등으로 동시에 지령을 내려 좀 더 심화 단계로 활동을 할 수 있다.
- 교사가 지령을 1가지 색만 했을 경우
  - 아동A : 엉덩이 / 아동B : 팔 – 엉덩이와 팔을 붙이게 됨
- 교사가 지령을 2가지 색을 했을 경우
  - 아동A : 엉덩이(빨) 배(파랑) / 아동B :팔(빨) 손바닥(파랑)
- 엉덩이와 팔을 붙이고, 배와 손바닥을 붙이게 됨

41 신문지 공 던지기

- 준비물 : 신문지
- 인　원 : 10~30명
- 대　형 : 두 팀 일렬 마주보고
- 방　법 : ① 신나는 음악을 들려주면서 진행을 한다.
  ② 교사는 아동들을 두 팀으로 나누어 양쪽 끝에 줄을 세워 앉힌다.
  ③ 각 팀에서 5명씩 나와 준비 선에 세운다.
  ④ 한명씩 신문지 공을 바구니에 넣는다.
  ⑤ 응원을 잘하고 질서를 잘 지키는 팀에게는 보너스 점수를 주기로 한다.
  ⑥ 바구니에 더 많이 넣은 팀과 보너스 점수를 합쳐 점수가 많은 팀이 이긴다.

마무리 활동

· 이긴 팀 에게도 진 팀에게도 격려와 승리의 박수를 서로 쳐주고, 두 팀에게 모두 격려해줌으로써 게임의 지고 이기고가 아닌 단결력과 질서 그리고 협동력을 기를 수 있도록 한다.

42 빨래집게 꼬리잡기(가위, 바위, 보 Champion)

- 준비물 : 빨래집게
- 인 원 : 10 ~ 30명
- 대 형 : 자유대형
- 방 법 : ① 아동들에게 빨래집게를 하나씩 나누어주고 입고 있는 옷에 집도록 한다.
  ② 모두 일어나서 배경음악을 들으며 교실 안을 자유롭게 돌아다니다가, 음악이 멈추면 (호루라기 사용) 둘씩 짝지어 가위, 바위, 보를 한다.
  ③ 진 아동는 이긴 아동의 옷에 자기 빨래집게를 집어주고, 뒤에 가서 허리를 잡고 기차가 된다.
  ④ 여러 번 반복하여 점점 긴 기차를 만들어간다.
  ⑤ 마지막 한 아동에게 빨래집게가 다 집히면 게임이 끝난다.

마무리 활동

빨래집게로 장식 된 친구의 옷을 감상하고, 게임이 재미있게 잘 진행되었는지 아쉬운 점은 없었는지 평가한다.

43 나 잡아봐라~!(장님놀이)

- 준비물 : 눈가리개
- 인 원 : 전원 함께
- 대 형 : 자유대형
- 방 법 : ① 술래를 정한다.
  ② 술래는 눈가리개를 쓰고, 나머지 아동은 자유롭게 도망 다닌다.
  ③ 도망 다니는 아동은 술래를 향해 손뼉을 치거나 말을 한다.
  ④ 술래는 소리를 듣고 도망 다니는 친구를 잡는다.
  ⑤ 술래에게 잡힌 아동이 다시 술래가 된다.

44 색판 뒤집기

- 준비물 : 색깔 판(파란 색,빨간 색 양면), 호루라기
- 인　원 : 전원, 한 게임당 3 ~ 4명씩
- 대　형 : 두 팀 일렬(팀에서 다시 조를 나눔)
- 방　법 : 양면 색이 다른 판을 준비(대략 20개)

① 팀별 색깔 정하기 (파란 팀, 빨간 팀)

② 양 팀의 가운데 공간에 마구잡이로 색판을 섞어서 펼쳐 논다. (색깔별 반반씩)

③ 호루라기를 불면 팀별로 00명씩 나와서 1분 동안 다른 팀 색의 색 종이를 뒤집는다. (노란 팀: 빨간 색판 뒤집기, 빨간 팀: 노란색 뒤 집기)

④ 자기 팀 친구가 게임을 할 때 응원할 수 있도록 유도한다.

⑤ 종료 휘슬이 울리면 색판을 바닥에 놓고 뒷짐을 지고 제자리로 돌아 간다.

⑥ 교사가 색판의 갯수를 확인하고, 마지막에 자신의 팀의 색이 많은 팀 이 승리한다.

45 신문지 스키

- 준비물 : 신문지
- 인 원 : 10 ~ 30명
- 대 형 : 두팀 일렬
- 방 법 : ① 두 팀으로 나누어 한 줄로 선다.

  ② 각 팀의 제일 앞에 있는 사람 두 명부터 릴레이로 게임이 진행된다.

  ③ 앞에 놓여진 신문지 두 장 위에 두 발을 올려놓는다.

  ④ 교사의 게임시작 신호와 함께 흥겨운 노래에 맞춰 앞으로 신문지를 발로 끌고 나아가 반환점에 놓인 악기를 치고 돌아온다.

  ⑤ 신문지스키의 집(바닥에 표시해준다)에 정리해놓고 뒷사람과 하이파이브를 한다.

  ⑥ 뒷사람은 신문지스키를 타고 앞 사람과 같이 게임을 진행한다.

  ⑦ 팀원들 모두가 게임을 한번씩 하고 먼저 돌아오는 팀이 승리하며 게임이 종료되면 평가한다.

신문지를 놓쳤을 경우 놓친 자리부터 다시 시작한다.

46 엉덩이로 밀어라

- 준비물 : 커다란 훌라후프(원)
- 인　원 : 전체인원
- 대　형 : 두 팀 마주보고 1:1게임
- 방　법 : ① 두 팀이 마주보고 앉는다.
  ② 각 팀에서 한명씩 나와 서로 간격을 두고 등을 맞대고 원안에 선다.
  ③ 음악에 맞추어 신나게 춤을 추다가 호루라기 신호에 따라 엉덩이로 상대방의 엉덩이를 원 밖으로 밀어낸다.
  ④ 이긴 팀에게는 만세 부르기, 졌지만 열심히 해준 팀에게는 격려의 박수쳐준다.

확장 활동

다리사이에 인형을 두고 인형 빨리 잡기 게임으로 응용할 수 있다.

47 큰 공 굴리기 (폭탄을 피해라!)

- 준비물 : 큰 공
- 인 원 : 10 ~ 20명 전원
- 대 형 : 자유대형
- 방 법 : ① 자유롭게 선 상태에서 공을 굴릴 술래를 정한다.
  ② 술래로 뽑인 아동이 공을 마음껏 굴린다.
  ③ 큰 공을 맞은 아동은 탈락한다.
  ④ 굴러간 큰 공을 맞은 아동은 지정한 한쪽 공간에 앉아 있는다.
  ⑤ 선생님이 정한 제한된 시간까지 공에 맞지 않은 아동은 우승자가 된다.

굴러다니는 큰 공을 피하면서 아동은 스릴을 느낀다. 이때 지나치게 흥분하여 안전사고가 나지 않도록 지도하고 주의한다.

48 우리집에 왜왔니? (전래놀이)

- 준비물 : 없음
- 인 원 : 팀별 4 ~ 8명씩
- 대 형 : 두팀 일렬
- 방 법 : ① 서로 두 팀으로 서로 마주본다.
  ② 가위, 바위, 보로 시작하는 팀을 정한다.
  ③ 자기편끼리 팔짱을 낍니다.
  ④ 시작하는 팀은 팔짱을 끼고 앞으로 전진 하면서 "우리집에 왜 왔니? 왜 왔니? 왜 왔니? 노래를 부릅니다.
  이때 진 팀은 뒷걸음으로 뒤로 물러난다.
  ⑤ 진 팀이 다시 앞으로 전진 하면서 "꽃 찾으러 왔단다. 왔단다. 왔단다." 노래를 부르고 시작하는 팀은 뒷걸음으로 뒤로 물러납니다.
  ⑥ 멈춘 후에 시작하는 팀과 진 팀의 대표는 가위, 바위, 보를 합니다.
  ⑦ 가위, 바위, 보에서 이긴 팀의 아이 한명을 데려올 수 있습니다.
  이렇게 반복하여 한 팀이 한명만 남거나 숫자가 적으면 다른 팀이 이기게 됩니다.

49 무궁화 꽃이 피었습니다.(전래놀이)

- 방 법 : ① 술래를 한명 정한다.

② 술래는 나무나, 벽을 보고 얼굴을 감춘다. 나머지 아이들은 10M쯤 떨어진 곳에 선을 긋고 그 선 바깥에 제각기 서 있는다.

③ 술래가 벽을 보고 "무궁화 꽃이 피었습니다"라고 외친 후 뒤를 돌아 본다.

④ 술래가 외치는 동안 나머지 아이들은 걸음을 술래 쪽으로 옮기다가 술래가 뒤돌아 볼 때 멈추어 선다.

⑤ 술래가 뒤돌아보았을 때 움직여서 술래에게 들키면 술래의 손을 잡고 서 있어야 된다.

⑥ 들키지 않은 사람 중 한 사람이 계속 술래에게 접근하다가 술래와 그 뒤에 잡혀있는 사람이 잡고 있는 손을 끊으면, 모두 출발선으로 도망가고 술래는 쫒아가서 친다.

⑦ 출발선에 도착하기전에 술래에게 잡힌 사람은 다음 술래가 되고, 두 사람 이상이 잡히면 가위바위보를 해서 진 사람이 술래가 되어 다시 놀이를 시작한다.

•• 술래는 '무궁화 꽃이 피었습니다'를 빠르게 또는 느리게 조절해서 아이들이 움직이다가 들키게 끔 유도한다.

50 동대문 놀이(전래놀이)

- 준비물 : 없음
- 인 원 : 전체(10 ~ 20명 정도)
- 대 형 : 한 줄 기차
- 방 법 : ① 동대문 역할을 할 아동을 두 명 뽑는다.
  ② 문이 된 아동은 둘이 양손을 맞잡은 상태에서 높이 듭니다.
  ③ 나머지 아동들은 한줄 기차를 한다.
  ④ 한줄 기차 모습으로 동대문 노래를 부르며 문 아래를 통과한다.
  ⑤ "문-을 닫-는-다~ " 소절에서 문에 들어온 친구는 잡힌다.
  ⑥ 잡힌 아동은 벌칙을 받거나 술래가 되어 놀이를 계속 이어간다.

♬ 노래 동동 동대문을 열어라 ~ 남남 남대문을 열어라
열두시가 되면은 문을 닫는다.

제 4 장

유아 요가와 레크리에이션 노래 율동

1. 유아 요가 지도와 실제
2. 레크리에이션 노래 율동
3. 유아 체조와 율동의 실제

1. 유아 요가 지도와 실제

1) 유아 요가 지도

요가가 우리나라에 소개된 1960년대에는 단순히 건강을 위한 명상이나 체조 정도로 인식되어져 주로 노년층 위주로 실시되어 왔다. 그러나 최근에는 요가가 어른뿐 아니라 어린이들에게도 건강과 정서적 안정을 가져다준다는 것이 많이 알려져 있어서 다양한 연령층에서 요가를 배우고 있으며 정신적 · 육체적 건강 이상의 체력관리 수단으로 요가의 중요성이 부각되고 있다(임영희, 김미숙, 2007).

유아들은 어른들과는 다르게 평상시에도 배로 숨을 쉬고 있으며(복식호흡), 기본적으로 바른 자세를 가지고 있으므로 타고난 요가의 수련자라고 할 수 있다. 그러나 끊임없이 몸을 자유롭게 움직이기를 좋아하고 놀이를 좋아하는 아이들의 일반적인 특성상 건강에 좋다고 이야기해서는 요가에 흥미를 가지기가 어렵다. 아이들의 창의력과 호기심, 상상력 등을 자극하여 지루하지 않게 요가를 즐길 수 있게 하는 방법으로 지도해야만 더욱 많은 효과를 볼 수 있다.

어린이가 요가와 친해지도록 하는 교수기법으로 여러 가지가 있겠지만, 그 중에서도 동물의 형상이나 자연물, 사물, 놀이동작 등과 같이 어린이들의 일상생활에서 주로 볼 수 있고 경험 할 수 있는 것들을 의인화 하거나 형상화하여 흉내를 내거나 꾸며보도록 하는 방법이 호기심과 집중력이 짧은 유아들에게는 효과가 있다. 동물의 형상을 흉내 내거나 사물 꾸며보기 동작을 할 때는 동물의 소리를 내거나, 노래를 부르면서 동작을 따라하거나 표현해 보도록 할 수 있다. 예를 들어, 나비 자세를 할 때는 '나비야' 노래를 부르면서 동작을 유도하면 아이들이 더욱 재미있어 한다. 또한 동화구연을 하듯이 동물들의 동작을 보여주면서 간단한 동화를 이야기 해 주어도 좋다. 단, 요가 동작을 지도할 때 유아에게 무리한 동작 수준을 하도록 지시하거나 즐거운 분위기를 유도한다고 하여 산만한 분위기를 조장하면 올바른 동작활동을 유도하기 힘들 수 있다. 즐겁고 편안한 분위기를 조성하면서 천천히 호흡에 집중할 수 있도록 구령을 세어주면서 진행할 수 있도록 유도하는 것이 효과적이다.

2) 유아 요가의 효과

요가는 몸과 마음이 균형 있는 건강한 상태가 되도록 함으로서 건강한 내적 환경을 만들어 주는 동시에 균형 있는 성장발달과 집중력 향상을 도울 수 있다. 자연적인 유연성과 몸의 균형은 어린이가 모든 자세(아사나)에 쉽게 적응 할 수 있게 도움을 주어

일생동안 건강을 유지할 수 있게 해주며 유아가 가진 무궁무진한 잠재적 가능성을 실현하게 하는 밑거름을 만들어 줄 것이다.

요가의 숨쉬기는 신진대사를 원활하게 하며 몸 속 구석구석 쌓인 찌꺼기와 노폐물 배출시켜 모든 신경체계가 잘 소통되도록 만들어 준다. 특히 주의가 산만하고 신경질적인 유아들이 차분하게 숨쉬기 수련을 하게 되면 안정된 모습으로 감정을 다스리게 된다.

요가의 의식집중 훈련은 집중력이 부족해서 학습 능력이 떨어지는 유아들에게 무언가에 집중할 수 있는 힘을 가르친다. 그리고 요가의 명상을 하는 것은 맑은 정신과 집중력을 통해 기억력, 독창성을 기르게 됨으로 창의적인 아이가 될 수 있도록 도와줄 수 있을 것이다.

다음에서 요가기본 동작과 이를 응용한 꾸미기 요가자세를 배워 봅시다!

3) 유아 요가 지도의 실제

자연물을 상징한 요가자세

자세	지도방법 및 효과	사 진
산	♣ 지도방법 – 다리를 어깨넓이 정도로 벌리고, 자연스러운 자세로 선다. – 발끝은 앞쪽을 향하게 한다. – 팔을 들어 올리고 양손을 모아 자세를 유지한다. ♣ 효과 – 몸과 마음에 경쾌함을 준다. – 척추, 복부근육, 팔, 다리근육, 다리관절을 강화한다.	
나무	♣ 지도방법 – 자연스러운 자세로 선다. – 손바닥을 모아 단중혈(양 젖꼭지 사이 급소) 앞에서 합장 – 한 다리를 접어 발바닥을 축 다리의 안쪽에 대어 지지한다. ♣ 효과 – 허리와 복부 근육을 발달시키고 소화기능을 좋게 한다. – 균형감각을 길러주며 마음이 고요해진다.	
초승달	♣ 지도방법 – 자연스러운 자세로 서서 양 팔을 편다. – 오른쪽 팔을 위로 보내어 허리를 왼쪽으로 최대한 기울게 하여 초승달 모양이 되게 하며, 왼쪽 팔은 원래 위치인 아래로 보낸다. 몸을 바로 세우고, 반대 방향으로 한다. ♣ 효과 – 옆구리를 쭉 펴주어 상쾌함과 자신감을 준다.	
송장	♣ 지도방법 – 팔과 다리를 약간 벌린 채로 편안하게 눕는다. – 어깨의 긴장을 풀고 목과 허리도 편하게 내려놓는다. – 복식 호흡을 통해 몸을 점점 편안하게 내려놓는다. ♣ 효과 – 몸의 모든 부분을 이완시켜, 휴식을 통해 온 몸을 정상화 시켜주고 마음을 맑게 만든다.	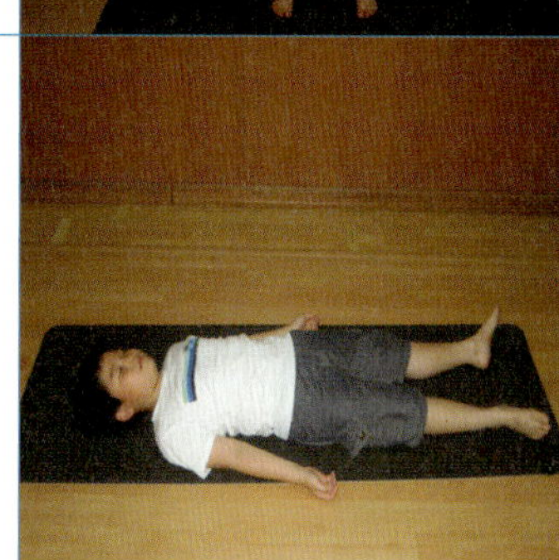

동물을 상징한 요가자세

자세	지도방법 및 효과	사 진
꿀벌	♣ 지도방법 – 바로 선 자세에서 왼쪽 다리를 쭉 뻗는다. – 몸이 흔들리지 않도록 양팔을 옆으로 펼친다. – 양 팔을 뒤로 젖힌 후 천천히 날개 짓을 한다. – 몸을 바로 세우고, 처음 자세에서 반대쪽으로도 한다. ♣ 효과 – 등의 근육을 강하고 튼튼하게 한다. – 다리의 힘을 강화시켜 성장을 도와준다.	 
독수리	♣ 지도방법 – 두 발을 붙이고 똑바로 선다. – 오른쪽 무릎을 약간 구부리고, 왼쪽 발은 종아리 뒤로 비틀어 발등을 종아리에 붙인다. 오른쪽 팔꿈치를 들어 왼팔 앞에 놓고 왼쪽 팔꿈치를 비틀어 오른팔 밑에서 교차하여 손바닥이 마주 보이도록 한다. ♣ 효과 – 집중력과 주의력을 기르는 효과가 있다. – 어깨와 등 위쪽이 뻣뻣하게 굳지 않도록 도와준다.	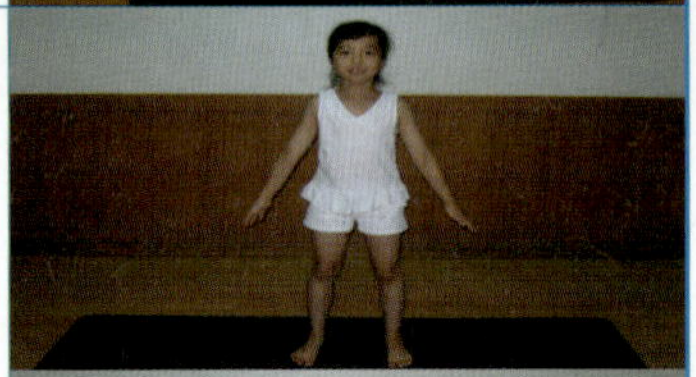 
메뚜기	♣ 지도방법 – 엎드린 상태에서 턱을 바닥에 붙인다. – 양손을 대퇴부 사이에 넣고 두 팔에 힘을 준다. – 숨을 마시고 내쉬면서 두 다리를 순간적으로 올린다. – 익숙해지면, 두 다리를 쭉 펴서 높이 들어 올리고 가슴도 들어 올린다. ♣ 효과 – 내장기관 마사지, 소화기관을 원활히 운동시킨다. – 팔, 다리, 목에 힘이 생기고, 뒤쪽 근육을 탄력 있게 한다.	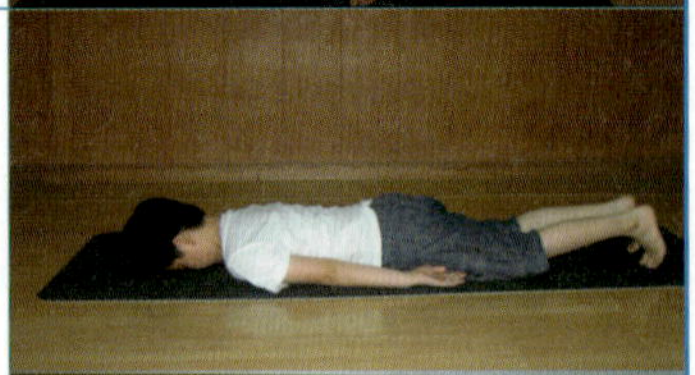 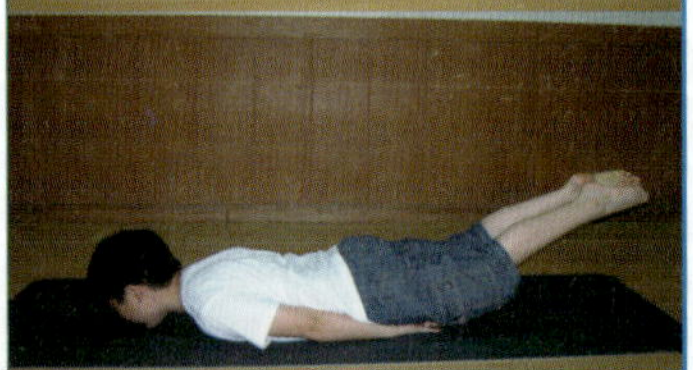
고양이	♣ 지도방법 – 손바닥은 어깨 넓이로 무릎은 엉덩이 넓이로 바닥에 대고 엎드린다. – 숨을 마시고 내쉬면서 허리를 바닥으로 내리고 고개를 천장으로 올린다. 숨을 마시면서 수평으로 돌아온다. – 숨을 내쉬면서 등과 허리를 천장으로 둥글게 말아 올리며, 고개는 숙여 턱이 가슴에 닿게 한다. ♣ 효과 – 성장하는 아이들의 척추를 유연하게 하고 등이 강화된다. – 목 근육을 펴고 허리 근육을 키우며 발바닥 근육의 위축을 막는다. – 등뼈, 배, 등, 허리의 근육을 부드럽게 만들어 준다.	 

자세	지도방법 및 효과	사 진
코브라	♣ 지도방법 - 자연스러운 자세로 엎드려서 양손으로 바닥을 짚는다. - 숨을 마시며 고개를 뒤로 쭉 젖힌다. - 숨을 내쉬면서 고개를 천천히 내려놓는다. - 두 번 정도 더 하고 엎드려서 편히 쉰다. ♣ 효과 - 자세를 바로잡아 주고, 바른 자세를 유지하게 도와준다. - 심장과 위장을 건강하게 하는데 효과적이다.	 
개구리	♣ 지도방법 - 두 발을 벌린 채 엉덩이를 바닥에 닿지 않게 앉아 양손을 앞으로 닿게 한다. - 엉덩이를 바닥에 닿지 않게 한 채로 허리를 앞으로 숙인다. - 팔을 굽혀 이마가 바닥에 닿을 때까지 천천히 숙이며 숨을 내쉰다. - 숨을 들이 쉬며 머리와 윗몸을 일으켜 처음 자세로 앉는다. ♣ 효과 - 등 아래쪽과 엉덩이, 발목, 허벅지 근육을 강화한다. - 머리를 맑게 한다.	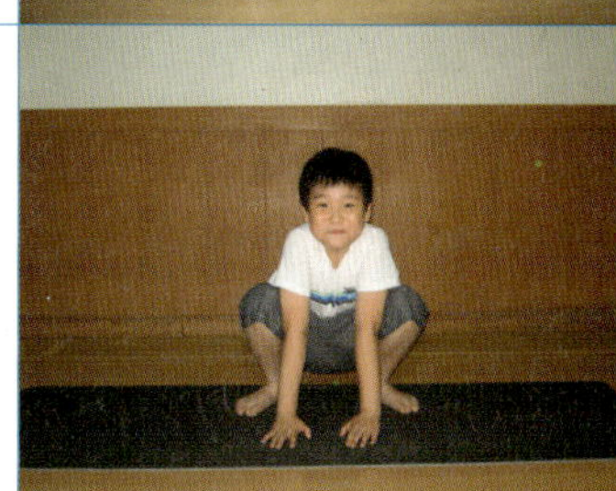 
악어	♣ 지도방법 - 배를 바닥에 대고 엎드려 두 손을 포갠 위에 얼굴을 묻는다. - 두 다리는 어깨 넓이보다 약간 더 벌린다. - 고개를 들면서 숨을 내쉬었다 마시면서 왼쪽 다리를 악어가 입을 벌리듯 위로 번쩍 든다. (무릎을 편 상태 유지) - 반대 다리를 교대로 같은 방법으로 한다. ♣ 효과 - 신체 좌우의 균형을 잡고, 자세를 바르게 잡아준다. - 심폐기능을 향상 시킨다.	 

자세	지도방법 및 효과	사 진
나비	♣ 지도방법 - 똑바로 앉아서 발바닥을 마주대고, 무릎을 양옆으로 편다. - 숨을 마시면서 허리를 펴주고, 내쉬면서 상체를 숙여 이마를 바닥에 붙인다. - 숨을 마시면서 상체를 올린다. 3/4번 반복한다. 주의사항) 이마가 바닥에 닿지 않는 아이들은 무리하게 하지 않는다. ♣ 효과 - 무릎, 엉덩이 관절이 이완되고, 대퇴부 안쪽과 허리에 스트레칭 효과를 가져다준다.	
큰나비	♣ 지도방법 - 엉덩이를 바닥에 닿게 하여 두 다리를 쭉 펴고 앉는다. - 한쪽 다리는 무릎을 구부려 발바닥을 반대 쪽 허벅지 안쪽에 붙인다. - 상체를 바로 세우고 두 팔을 위로 뻗어 숨을 마시면서 상체를 아래로 숙인다. - 천천히 몸을 일으킨 다음 반대쪽으로 진행한다. - 양팔을 먼저 위로 하여 두 손을 서로 잡은 채로 윗몸과 함께 앞으로 숙인다. ♣ 효과 - 경직된 어깨와 목의 근육을 풀어주고, 척추 교정을 도와준다. - 피로회복을 돕는다.	
강아지	♣ 지도방법 - 두 손을 어깨넓이만큼 벌려 바닥에 짚고 무릎을 꿇고 책상 자세를 취한다. - 양 팔을 앞으로 쭉 뻗어 어깨를 낮춘다. - 두 발을 어깨 넓이로 벌리고 무릎이 펴질 때까지 엉덩이를 높게 들어 올린다. ♣ 효과 - 어깨와 등 윗부분의 피로를 풀어주고 등의 뻐근함을 해소한다. - 혈액순환을 향상시킨다. - 두뇌에 활력을 주어 기억력, 집중력을 향상시킨다.	

사물을 상징한 요가자세

자세	지도방법 및 효과	사 진
오뚜기	♣ 지도방법 - 무릎을 모으고 앉아 양손으로 깍지를 끼어 허벅지 안쪽으로 붙잡는다. - 뒤로 넘어갔다가 다시 원래의 자세로 돌아온다. - 발을 바닥에 닿지 않게 하면서 균형을 잡는다. ♣ 효과 - 복부 근육이 강화되고, 몸 전체의 균형감이 향상된다. - 척추 전체를 마사지 한다.	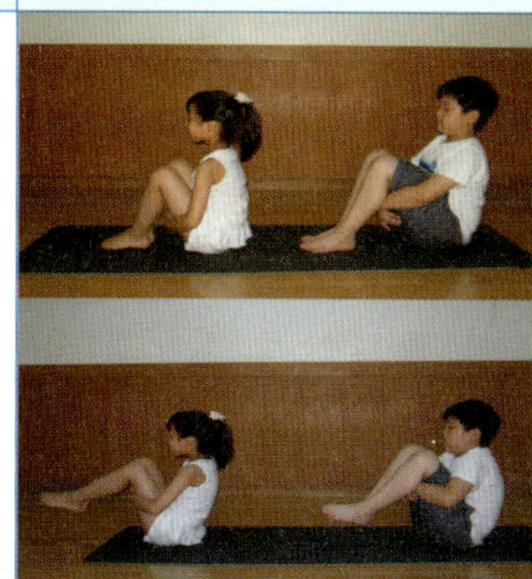
보트	♣ 지도방법 - 발을 앞으로 뻗고 자연스럽게 앉는다. - 팔을 뒤로 하여 바닥에 대고, 다리를 모아들어 올린다. - 다리가 제 위치에 가게 되면, 바닥을 지탱하고 있던 팔을 들어 지면과 수평으로 들어 올린다. - 등과 다리가 V 자 모양이 되도록 한다. ♣ 효과 - 복부를 강화하여 내장 기능을 활성화시킨다. - 영양 섭취능력을 강화시켜 성장 발육을 돕는다.	
수레바퀴	♣ 지도방법 - 무릎을 구부리고 누워서 양손으로 바닥을 짚는다. - 숨을 들이마시면서 팔, 다리를 쭉 펴고 배를 들어 올린다. - 숨을 마시면서 팔, 다리와 허리에 힘을 주어 배와 엉덩이를 높이 든다. - 팔의 힘이 약한 경우, 허리를 받쳐준다. - 바닥으로 내려 올 때 천천히 내려온다. ♣ 효과 - 척추의 유연성과 신체 전반의 조정 기능을 향상 시킨다.	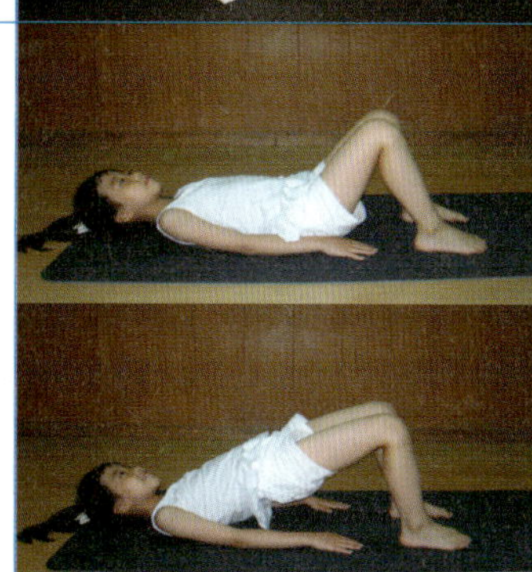
활	♣ 지도방법 - 자연스러운 자세로 엎드린다. - 양 발목 또는 발등을 양 손으로 붙잡아 준다. - 활시위를 당기 듯 다리를 두 손으로 잡고 머리를 든다. - 바닥에는 배만 닿게 하고 하늘을 바라본다. ♣ 효과 - 다리 근육이 늘어나고 두 팔과 다리가 강해진다. - 허벅지군살 제거에 효과가 있다. - 허리를 유연하게 한다.	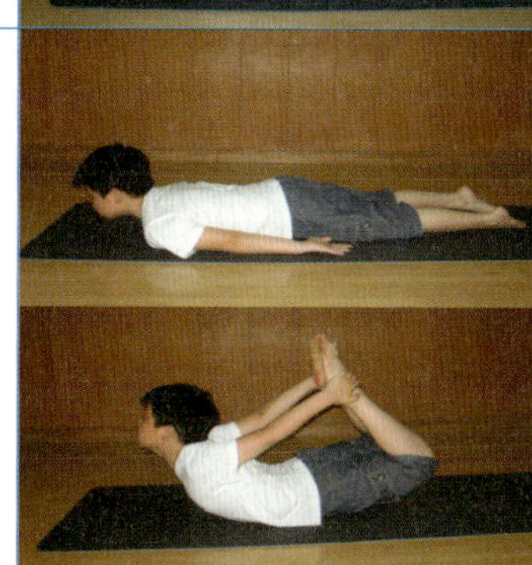

운동놀이를 표현한 요가동작

자세	지도방법 및 효과	사 진
수영	♣ 지도방법 - 배를 바닥에 대고 엎드린 자세로 이마를 바닥에 댄다. - 고개를 바닥에 댄 채로 팔을 앞으로 곧게 쭉 편다. - 팔과 가슴, 머리와 다리를 들어 수영하듯이 팔을 천천히 몸통 옆으로 내린다. - 팔을 앞으로 내밀 때 숨을 들이 쉬고, 팔을 뒤로 보내면서 숨을 내쉰다. ♣ 효과 - 등, 어깨, 엉덩이, 넓적다리 근육을 튼튼하게 한다. - 균형감각을 기른다.	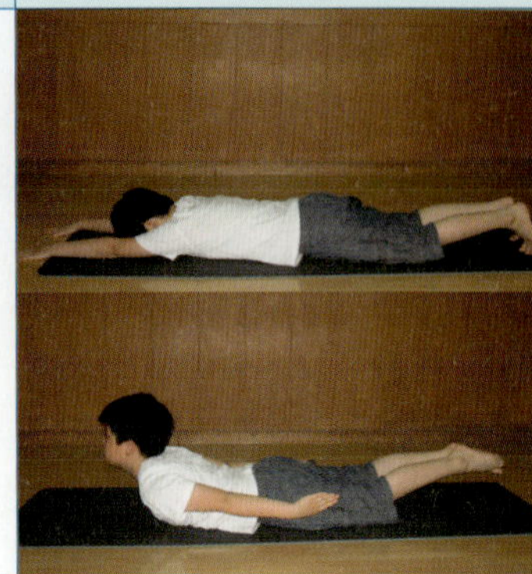
자전거 타기	♣ 지도방법 1) 앉아서 자전거 타기 - 손을 바닥에서 뗀 채로 오뚝이 자세를 5초 정도 유지한다. - 손을 바닥에 닿게 하여 자전거 타기를 한다. 2) 누워서 자전거 타기 - 바로 누워서 무릎을 굽힌다. - 손으로 허리를 받쳐서 다리를 위로 세운다. - 양 다리를 자전거 페달을 밟듯이 돌린다. ♣ 효과 - 피로회복에 효과적이며, 몸의 균형 맞추기를 도와준다.	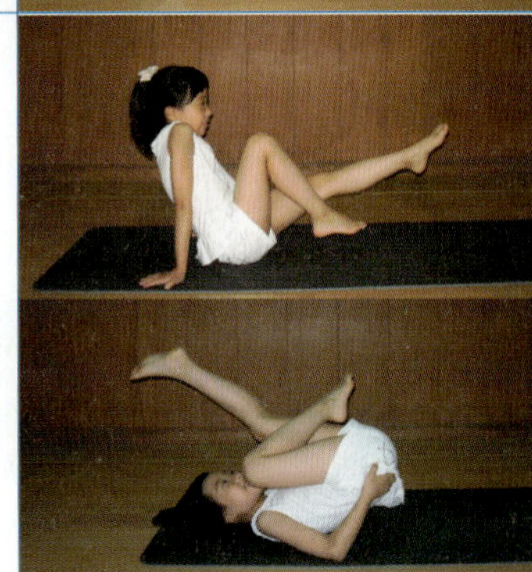
돛단배 타기	♣ 지도방법 - 둘이서 마주보고 앉은 상태에서 양다리를 구부리고 앉을 정도 간격을 둔다. - 양손을 뒤로 편안하여 몸의 균형을 잡고, 짝 한쪽 다리씩 올려 짝꿍의 발을 마주대고 붙인다. - 숨을 천천히 들이쉬듯 하면서 짝꿍의 양손을 마주 잡는다. ♣ 효과 - 어깨와 팔을 유연하게 풀어주고 등의 통증을 덜어 준다. - 반복하여 동작을 만들어가며 성취감을 느낄 수 있다.	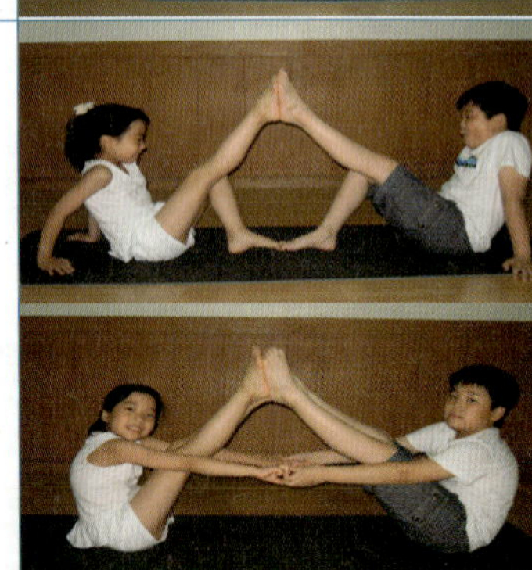
바람불기	♣ 지도방법 - 양 다리를 앞으로 쭉 편 상태에서 양쪽 다리를 옆으로 뻗어 넓힌다. - 숨을 마시며 양팔을 벌려서 숨을 내쉬며 몸통과 한 팔을 한쪽 방향으로 숙이는 동작을 천천히 좌·우 반복한다. ♣ 효과 - 옆구리, 가슴을 확장시킨다. - 연동운동으로 배설을 도와준다. - 원기를 회복시키고, 체력을 길러준다.	

아침 모임에 선생님과 함께하는 요가

동작	지도방법	사 진
연꽃 자세	앉은 자세에서 한쪽 다리를 구부려 반대쪽 허벅지 깊숙이 올리고 반대쪽 다리를 그 위에 올려놓는다. 두 손은 무릎위에 올려놓은 후 천천히 호흡을 한다.	
기도 자세	연꽃자세 동작에서 숨을 들이마시면서 두 손을 기도하는 것처럼 가슴 앞으로 모아 두 손바닥은 붙이고 손바닥부터 팔꿈치까지 밀착시킨다. 숨을 내쉬면서 양손을 최대한 위로 쭉 뻗어 올린다.	
나비 자세	가슴과 허리를 곧게 펴고 앉은 후 두 발바닥을 마주 붙이고 양손으로 발가락을 잡아 다리 안쪽으로 잡아당긴다. 숨을 내쉬면서 천천히 이마가 바닥에 닿도록 상체를 숙인다. 숨을 들이마시며 상체를 일으킨다.	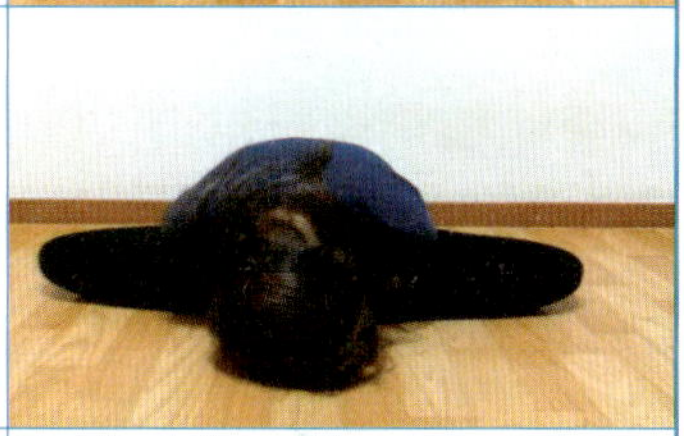
토끼 자세	무릎을 꿇고 양손은 발뒤꿈치를 잡는다. 숨을 내쉬면서 몸을 앞으로 구부려 이마가 닿게 하고 정수리를 바닥에 댄다. 숨 들이 마시고 내쉬면서 뒤꿈치를 잡고 엉덩이를 들어 올리며 호흡을 내쉰다.	
나무 자세	두 발을 가지런히 모으고 선 후 오른발바닥을 왼쪽 무릎 안쪽이나 허벅지에 갖다 댄다. 양손바닥을 붙인 후 두 팔을 머리위로 올린 후 쭉 뻗는다. 바로 선후 반대쪽 다리도 똑같은 방법으로 한다.	
의자 자세	선 자세에서 양발을 어깨너비만큼 벌린 후 팔을 앞으로 뻗는다. 허벅지가 땅과 수평이 되도록 무릎을 구부린 후 팔을 앞으로 쭉 당기며 호흡을 내쉰다.	

2. 레크리에이션 노래 율동

1) 레크리에이션 노래(song)와 율동

레크리에이션에서 노래와 율동은 빼놓을 수 없다. 누구나 알고 있는 노래에 간단한 안무를 곁들여 참가자의 기분을 부드럽게 해주고 일체감 있는 분위기를 만들어주는데 레크리에이션 노래 율동은 중요한 역할을 한다.

노래 율동을 창작할 때는 가사의 뜻을 전달할 수 있도록 동작이 붙여져야 한다. 박자에 맞게 동작이 진행되어야 하며, 동작과 동작이 부드럽게 이어질 수 있도록 해야 한다. 노래 율동의 흥을 돋우거나 율동의 복잡성을 줄이기 위해 가사와는 무관하게 기본적으로 처음 4박자에는 무릎 2회, 손뼉 2회를 치며 할 수도 있겠다. 너무 단조롭거나 복잡하게 만들지 않도록 해야 하며, 특히 대상의 능력을 고려하여 율동의 난이도를 조절해야 한다.

노래에 율동을 붙여서 지도할 때, 참가자의 의견이나 제안을 참고하기도 하며, 참가자들의 창의성과 성취감을 위해 함께 율동을 만들어 보는 것도 매우 좋은 방법이다. 노래 율동 시간은 참가자 모두에게 정서, 언어, 사회성, 신체 발달에 긍정적인 영향을 미친다고 할 수 있다.

2) 레크리에이션 율동의 영역

유아 송, 동요, 가스펠, 라보 송, 에어로빅, 민속춤, 쇼셜 댄스, 포크댄스, 레크리에이션 댄스, 체조곡

3) 율동창작 및 지도 방법

① 노래 선정을 잘해야 한다.
② 동작은 간단하면서 쉬운 것으로 하고 난해한 동작은 피한다.
③ 직접적인 표현보다는 상징적인 표현이 좋고, 다양한 표현 방법으로 구성한다.
④ 혐오감을 주거나 감정적으로 거부감을 주는 동작은 피한다.
⑤ 지도자의 개성에 따라 쉽고 재미있게 변형 시킬 수 있으며, 참여자의 의견도 반영하여 율동을 만들 수도 있다.
⑥ 한 소절씩 끊어서 지도, 구령에 의한 지도, 가사를 불러주며 지도, 대상보다 반 박자 빠르게 지도 한다.

4) 율동지도 유의점

① 지도자가 확실히 알고 있어야 한다.
② 지나친 액션은 피하는 것이 좋다.
③ 분위기를 잘 조절하여 지나친 흥분을 피하도록 한다.
④ 변화를 주기 위해 팀을 나눠 경쟁을 유도한다.
⑤ 동작(Motion)을 정확히 지도한다. – 운동의 효과
⑥ 방향은 정확히 – 강의대형인 경우 지도자는 반대동작
– 원형인 경우 대상과 같은 방향으로 지도

5) 노래 율동 함께해요!

♬ 사 랑 해

1. 사랑해 당신을 정말로 사랑해
당신이 내 곁을 떠나간 뒤에
얼마나 눈물을 흘렸는지 모른다오
예예예 예-- 예예예 예-- 예예예 예-- 예예예 예--
예예예 예-- 예예예 예-- 예예예 예-- 예
사랑해 당신을 정말로 사랑해

2. 멀리 떠나 버린 못잊을 님-이여
당신이 내곁을 떠나간 뒤에
밤마다 그-리-는 보고싶은 내 사랑아
예예예 예-- 예예예 예-- 예예예 예-- 예예예 예--
예예예 예-- 예예예 예-- 예예예 예-- 예
사랑해 당신을 정말로 사랑해

(동작풀이)
① 사랑해 : 양손 검지로 ♡ 모양을 만든다.
② 당신을 : 오른손으로 상대방을 가리킨다.
③ 정말로 : 양팔로 머리위에서 몸부림치는 동작을 두 번 한다.
④ 사랑해 : 위 ①과 같음.

⑤ 당신이 : 위 ②과 같음.

⑥ 내곁을 : 양손을 자신의 가슴에 댄다.

⑦ 떠나간 뒤에 : 양손 교대로 흔든다(헤어질 때 동작).

⑧ 얼마나 : 양손 바닥을 하늘을 향해 올리면서 흔든다.

⑨ 눈물을 : 양손가락을 움직이며 눈물 흘리는 동작.

⑩ 흘렸는지 모른다오 : 손수건을 짜고 눈물을 닦아 내던지는 동작

⑪ 예예예 예-- : 양손을 바깥쪽으로 3번 돌려주고 박수 1번을 반복한다.

⑫ 사랑해 당신을 정말로 사랑해 : 위 ①에서 ④까지 반복.

♬ 산할아버지

산 할아버지 구름모자 썼네 나비같이 훨훨 날아서
살금살금 다--가 가서 구름모자 벗겨 오지
이놈하고 물벼락 내리시네 천둥처럼 고함을 치시네
너무 놀라 뒤로 자빠졌네 하하하하 웃으시네
웃음소리에 고개들어 보니 구름모자 어디로 갔나요
바람결에 날-려 갔나요 뒤춤에 감추셨나요
산 할아버지 구름모자 썼네 나비같이 훨훨 날아서
살금살금 다--가 가서 공연히 혼쫄만 났네

(동작풀이)

① 산 할아버지 : 무릎 2번 손뼉 2번 친다.

② 구름모자 썼네 : 머리 위에서 ∧를 2번 만든다.

③ 나비같이 : 위 ①과 같음.

④ 훨훨 날아서 : 양팔로 나비가 춤추듯 나풀거린다.

⑤ 살금살금 : 위 ①과 같음.

⑥ 다--가 가서 : 양팔로 기는 동작을 한다.

⑦ 구름모자 벗겨 오 : 위 ①과 같음.

⑧ 지 : 양손의 엄지, 검지를 맞부딪치며 모자 벗기는 흉내를 낸다.

⑨ 이놈하고 : 위 ①과 같음.

⑩ 물벼락 내리 시네 : 양손으로 물통 잡고 물 끼얹은 동작을 한다.
⑪ 천둥처럼 : 위 ①과 같음.
⑫ 고함을 치시네 : 입가에서 양손을 붙였다, 뗐다 한다.
⑬ 너무 놀라 : 위 ①과 같음.
⑭ 뒤로 자빠졌네 : 상체를 앞으로 했다가 뒤로 젖힌다.
⑮ 하하하하 웃으시 : 위 ①과 같음.
Ⓐ 네 : 양손 피고 좌우로 움직인다.
Ⓑ 웃음소리에 : 위 ①과 같음.
Ⓒ 고개 들어 보니 : 양손등을 턱밑에 대고 고개를 올렸다 내렸다 한다.
Ⓓ 구름모자 : 위 ①과 같음.
Ⓔ 어디로 갔나요 : 양쪽을 살피는 모습을 한다.
Ⓕ 바람결에 : 위 ①과 같음.
Ⓖ 날-려 갔나요 : 머리 위에서 양팔을 좌우로 움직인다.
Ⓗ 뒤춤에 감추셨나 : 위 ①과 같음.
Ⓘ 요 : 양손을 뒤로하고 어깨를 들썩인다.
Ⓙ 산 할아버지 ---------다 --가 가서 : 위 ①에서 ⑥과 같음.
Ⓚ 공연히 혼쭐만 났 : 위 ①과 같음.
Ⓛ 네 : 옆사람의 옆구리를 찌른다.

♬ 목장길따라

목장길따라 밤길거닐어 고운님함께 집에 오는데
목장길따라 밤길거닐어 고운님함께 집에 오는데
(후렴)
스타도라 스타도라 스타도라 품 파 스타도라 품 파 스타도라 품 파
스타도라 스타도라 스타도라 품 파 스타도라 품 파 품 품 품

숲근처 올 때 두견새 울어 내사랑 고백 하기 좋았네
숲근처 올 때 두견새 울어 내사랑 고백 하기 좋았네

무수한 별이 반짝였으나 내님의 사랑 더욱더 빛나
무수한 별이 반짝였으나 내님의 사랑 더욱더 빛나

(동작 풀이)

① 목장길따라 : 오른쪽 머리위에서 손뼉 4번을 친다.

② 밤길거닐어 : 왼쪽 머리위에서 손뼉 4번을 친다.

③ 고운님함께 : 위 ① 과 같음

④ 집에 오는데 : 위 ② 과 같음

⑤ 목장길따라 밤길거닐어 : Z 자 손뼉을 두 번씩 친다.

⑥ 고운님함께 집에 오는데 : Z 자 손뼉을 반대로 두 번씩 친다.

⑦ 스타도라 ~ : 무릎 2번 박수 2번

⑧ 품 품 품 : 박수 3번을 친다.

♬ 앞으로

앞으로 앞으로 앞으로 앞으로 ***
지구는 둥그니까 자꾸 걸어 나가면
온 세상 어린이들 다 만나고 오겠네
온 세상 어린이가 하하하하 웃으면
그 소리 들리겠네 달나라까지
앞으로 앞으로 앞으로 앞으로 ***

♬ 꼬마생쥐

아삭아삭 북북 꼬마생쥐
살그머니 집안으로 찬장 속을 봤구나~
(맛있는 반찬 세 가지 / 산 이름 세 가지 / 노래제목 등)
다시 가위 바위 보!

Tip 가위 바위 보 하여 이긴 사람은 진 사람의 손부터 서서히 팔 쪽으로 손가락을 간질이듯이 목덜미까지 올라간다. 지도자가 낸 문제를 친구에게 대답할 때 까지 계속 간지럼을 태우고 다시 가위바위 보 하여 다시 게임 진행

♬ 우리 모두 다 같이

우리 모두 다 같이 손뼉을 **
우리 모두 다 같이 손뼉을 **
우리 모두 다 같이 즐거웁게 노래해
우리 모두 다 같이 손뼉을 **

Tip - 오른손 왼손을 차례로 가슴에 겹쳐 올리고 다시 차례로 손바닥을 편 후 양 손 차례로 손 허리 짝짝
- 손뼉을 대신하여 발굴러 - 인사해 - 간질러 등 다양하게 진행 한다.

♬ 개구리 노총각

개구리 노총각
저 건너 호숫가에 아–하 이–히
개구리 노총각이 살았는데 아–하 이–히
사십이 다되도록 장가를 못가
안 간 건지 못 간 건지 나도 몰라
몰라 아싸 아싸 몰라 아 – 싸 몰라

3. 유아 체조와 율동의 실제

♬ 스트레칭 체조 동작

번호	동 작	동작 설명
1	어깨 뒤로 젖히기	한 팔을 굽혀 목뒤로 젖히고 다른 손으로 팔꿈치를 뒤로 밀어 어깨를 눌러준다. ▷ 10초씩 3회
2	팔을 당겨 누르기	팔꿈치 윗부분을 손으로 잡고 팔이 가슴으로 밀착되도록 붙여준다. 천천히 최대한 붙여준다. ▷ 10초씩 3회
3	좌우로 굽히기	팔을 귀 옆으로 뻗어 최대한 올린 후에 옆으로 서서히 내린다. 눈을 감고해도 좋으며 몸의 느낌을 느끼면서 최대한 숙여준다. ▷ 10초씩 양쪽으로 2회씩
4	상체 앞으로 숙이기	발목을 잡고 배가 허벅지에 닿도록 앞으로 천천히 숙여 10초간 버틴다. ▷ 10초씩 3회
5	한쪽다리 펴서 옆으로 숙이기	다리를 펴고 한쪽으로 숙여준다. 골반의 유연성을 기르는데 좋은 자세이다. ▷ 10초씩 3회
6	두 다리 펴 앞(옆)으로 숙이기	양다리를 벌려 앞으로 숙인다. 이동작은 골반의 유연성에 꼭 필요하다. 잘 벌어지지 않더라도 할 수 있는 만큼 꾸준히 하는 것이 중요하다. ▷ 10초씩 3회
7	발바닥 붙이고 앞으로 숙이기	발바닥을 붙여 몸 쪽으로 최대한 당기고, 양쪽 무릎이 땅에 닿도록 하면서 몸을 앞으로 숙인다. 유아에게 필수적인 골반 운동이다. ▷ 10초씩 3회
8	다리 앞 뒤로 벌리기	발을 앞뒤로 최대한 벌리고 버틴다. 다리의 유연성뿐 아니라 근력도 강화한다. ▷ 양다리를 번갈아 10초씩 2회
9	무릎 접어 뒤로 젖히기	허벅지 앞쪽의 근육을 늘리는 동작이다. 다리를 뒤로 접어 다리가 뒤로 젖혀지도록 한다. 균형을 유지하면서 하는 운동이다. 한 손을 벽에 기대고 하면 쉽게 할 수 있다. ▷ 양다리를 번갈아 10초씩 2회
10	다리 꼬아 앞으로 숙이기	한쪽 다리를 앞에다 두고 두 발에 힘을 균등하게 하며 앞으로 숙인다. 손이 발끝에 닿도록 한다. ▷ 10초씩 2회

♬ 짝 체 조

• 활 동 명 : 스트레칭 짝 체조를 해 보아요.

• 활동목표 : – 유아들끼리의 상호작용을 통해 협동심을 기른다.
　　　　　 – 유연성 향상과 성장 발달에 효과적이다.

동 작	동작 설명	사 진
등 눌러주기	– 한명은 앉고, 다른 한명은 친구 등 뒤에 선다. – 서서히 친구의 등을 눌러준다. (구령을 천천히 8번씩 2번)	
손잡고 허리 굽혀 펴기	– 짝끼리 서로 다리를 옆으로 쫙 벌린 후, 손을 마주잡고 공쥐팔쥐 하면서 교대로 반복한다.	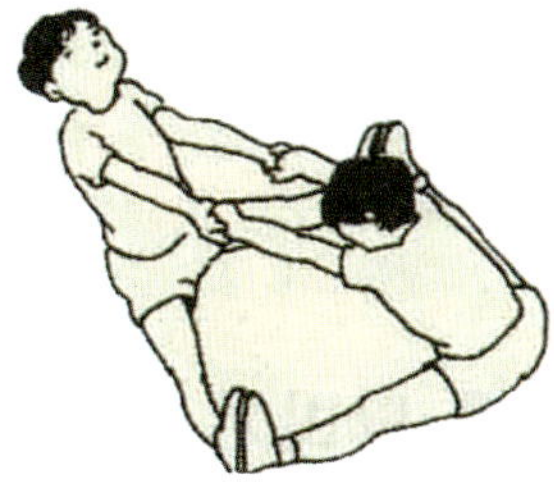
앉아서 등 마주대고 당겨주기	– 등을 마주대고 손을 위로해서 잡는다. – 한명이 숙이고 차례로 숙인다.	
어깨 마주잡고 허리 굽히기	– 서서 어깨를 마주 잡고 천천히 위 아래로 왔다 갔다 반복을 한다.	
서서 등 마주대고 당겨주기	– 서서 서로 등을 마주 댄다. – 팔짱을 끼고 한명이 숙이고 다른 한명이 숙인다.	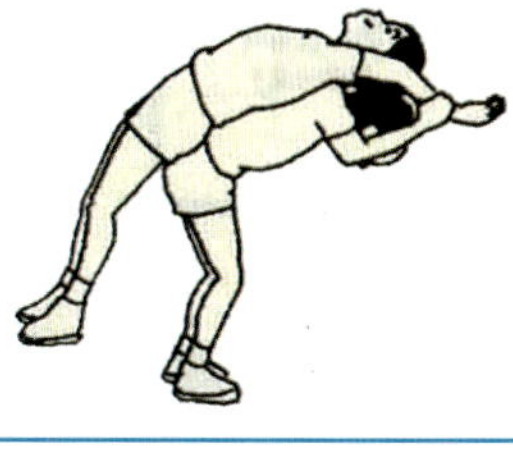

♬ 우리아이 키 쑥쑥 성장체조

• 효과 : 부모와 함께 신체놀이를 함으로써 정서안정에 도움을 줄 수 있다.
전신 근력발달과 키 성장에 도움이 된다.

동 작	동작설명 · 효과
① 몸 쭉쭉 펴기	팔과 다리 근육을 늘려 긴장을 풀어준다. – 아이를 바로 눕힌 다음 양 손은 깍지를 끼고 팔과 다리를 15초간 쭉 편다. – 아이의 팔과 발목을 잡고 쭉 당긴다.
② 허리 뒤로 젖히기	등 근육을 자극해준다. – 양 팔을 뒤로하고 머리와 허리를 위로 들어올린다. – 아이의 손을 당긴 후 15초간 정지한다.
③ 들어올려 착지하기	평형성이 발달한다. – 아이를 번쩍 들어 올렸다가 내린다. – 양 손을 살며시 떼어 스스로 착지 할 수 있도록 돕는다.
④ 썰매 끌어주기	근력과 이동 중심의 적응력을 키우는데 도움이 된다. – 아이의 양 손을 잡고 썰매를 끌 듯 끌어준다. – 같은 자세에서 아이의 발목을 잡고 지그재그, 원형으로 끈다.
⑤ 막대 매달리기	매달리기를 통해 아이의 팔의 근력을 발달시킨다. – 두 손으로 막대를 잡게 하고, 막대를 들어올린다. – 지면에서 10cm 정도 떨어질 정도로 들어준다.
⑥ 의자에서 뛰어내리기	무릎관절이 자극된다. – 아이의 허리 정도 높이의 의자에 올라가 엄마 손을 잡고 뛰어내린다. – 엄마의 도움 없이 혼자서 뛰어내리게 한다.

♬ 아이와 함께하는 신체놀이

자 세	동작설명 및 효과
① 엉덩이로 씨름하기	엉덩이로 밀며 다리 힘으로만 버티기 때문에 하체 근력 발달에 도움이 된다. – 엄마와 아이 둘이 서로 등을 대고 앉아 시작 신호와 함께 엉덩이로 서로 상대방을 민다. – 처음에는 등을 마주 대고 등으로 밀기를 한 다음, 아이가 숙달이 되면 엉덩이만으로 밀기를 한다.
② 매미놀이	끝까지 매달려 있겠다는 목표가 있기 때문에 아이는 집중력이 향상된다. 뿐만 아니라 전신 근력 발달에 도움이 된다. – 엄마는 어깨 너비보다 약간 넓게 다리를 벌리고 선다. – 아이가 팔과 다리를 이용해 엄마의 다리를 힘껏 끌어안으며 매달린다. – 아이가 매달리면 엄마는 아이를 떼어놓기 위해 이리저리 움직이고 흔들어준다. 아이는 절대 떨어지지 않기 위해 매달려 있는 것이 포인트.
③ 엄마 다리 터널 통과하기	빠져나가는 속도를 높이면 순발력과 민첩성 발달에도 도움이 된다. – 엄마가 다리를 벌리면 아이는 엄마의 다리 사이로 기어서 빠져나간다. – 엄마가 앞으로 걸어가듯 다른 다리를 앞으로 뻗으면 아이는 다시 엄마의 다리 사이로 기어서 빠져나간다. – 엄마는 다리를 크게 벌리며 앞으로 천천히 걸어간다.
④ 물구나무 서기	팔의 근력 발달에 도움이 되며 혈액순환 촉진으로 신진대사를 도움. – 아이가 엎드리면 엄마가 아이의 뒤에 서서 두 손으로 아이의 양 발목을 잡아 높이 들어준다. – 엄마의 팔 힘으로만 들어주는 것이 아니라 아이가 양팔에 힘을 주고 설 수 있도록 들어서 보조만 해준다. – 아이가 물구나무서기에 자신이 생기면 벽에 발을대고 서게한다. 이때 엄마가 옆에서 보조를 해주면 된다.

♬ 엄마와 함께 다이어트요가

• 준비물 : 요가매트, 요가음악, 편안한 복장
• 효　과 : – 호흡과 명상을 통해 정서적인 안정을 얻는다.
　　　　– 다양한 근육의 사용을 통해 균형 잡힌 몸매를 가꿀 수 있다.
　　　　– 꾸준한 수련으로 다이어트 효과를 얻을 수 있다.

1. 편안한 복장과 편안한 자세로 앉는다.

2. 요가에 대한 이야기한다.
   묻고 대답하기를 통해 자신의 몸을 바르게 이해하고, 자기자세의 치우침을 발견해야 한다. 그 치우침의 반대 자세를 지혜롭게 연습해서 균형을 유지하기 위한 것이 요가의 목표이다.

3. 다이어트 요가에 대한 주의 사항을 말한다.
   ① 공복 시 수련하는 것이 좋다.
   ② 숨이 차지 않도록 천천히 한다.
   ③ 무리하지 말고 자신의 능력에 맞게 수련한다.
   ④ 수련 후 몇 분 동안 안정과 휴식을 취한다.

4. 반가부좌자세로 앉아 합장하고, 서로 옆의 사람을 마주보면서 "라마스떼"하고 인사한다.

자 세	사 진	동 작 설 명
1. 명상하기		한쪽 다리를 다른 쪽 다리위에 올려놓고, 편안히 눈을 감는다.(반가부좌)
2. 발 운동으로 하는 전신 몸 풀기		1. 다리를 몸 앞으로 쭉 뻗은 다음에 왼쪽 다리를 오른쪽 허벅지에 올린다. 2. 왼손으로 발목 윗부분을 잡는다. 오른손으로 발끝을 잡아 발목을 천천히 돌린다. 3. 10회 정도 바깥쪽으로 돌렸다가 다시 10회 정도 안쪽으로 돌린다. 4. 반대쪽 다리도 같은 방법으로 한다.

자 세	사 진	동 작 설 명
3. 구두수선공 자세		1. 바닥에 앉아 무릎을 구부리고 발을 몸 쪽으로 가져간다. 2. 넓적다리를 벌려 두 발바닥과 발뒤꿈치를 서로 붙인다. 3. 두 손은 깍지를 껴서 발을 단단히 잡고 척추를 바로 세운다. 4. 숨을 내쉬면서 상체를 천천히 앞으로 숙인다. 5. 숨을 들이쉬며 머리, 가슴, 배 순서로 상체를 일으킨다.
4. 전굴자세		1. 양쪽 다리를 앞으로 뻗고 엄지발가락을 가지런히 모은다. 2. 허리를 곧게 세우면서 숨을 들이마시고 양팔을 앞으로 뻗는다. 3. 숨을 토하면서 상체를 앞으로 구부려 이마나 턱이 다리에 닿게 하고 양 손은 발끝을 잡는다.
5. 전신 릴렉스		1. 편안하게 누운 다음 머리 위로 양팔을 뻗어서 손을 마주잡는다. 2. 발끝에도 힘을 주어 쭉 뻗은 상태를 잠시 유지한다.
6. 뱃살 다이어트		1. 양손으로 머리를 받치고 무릎을 세운 다음 허리를 들어올린다. 2. 이 자세에서 배와 허리 근육을 움직여서 위아래로 움직여준다.
7. 뱃살 다이어트		다리를 쭉 펴고 똑바로 누운 다음 상체를 들어올린다. 이때, 양손은 주먹을 쥐고 배를 가볍게 두드려준다.
8. 등 다이어트		무릎을 꿇고 앉은 다음 등 뒤로 양손을 마주 잡는다. 천천히 상체를 뒤로 젖히고, 양팔은 바닥으로 쭉 뻗는다.
9. 메뚜기자세		1. 엎드려서 손을 엉덩이 옆에 두고, 손바닥을 위로 향하게 한다. 2. 발등을 일자로 만들어 바닥을 향하게 한다. 숨을 들이쉬고 손바닥, 다리, 가슴을 3. 최대한 높이 들어올린다. 머리를 들어올려 얼굴은 정면을 바라본다. 4. 30초 머문 다음 내린다. 이 자세는 엉덩이 위쪽, 허리 부분을 탄탄하게 만들어줄 것이다.

자 세	사 진	동 작 설 명
10. 아치자세		1. 똑바로 누운 상태에서 무릎을 구부리고 발은 바닥에 붙인 채 어깨너비로 벌린다. 2. 손은 깍지를 낀 상태로 엉덩이 아래에 둔다. 엉덩이를 가능한 한 높이 들어올릴 것. 3. 30~60초 동안 정지하고 아래로 내린다. 3~5회 반복할 것. 4. 이 동작은 엉덩이 전체를 조여주기 때문에 등을 반듯하게 만들어줄 수 있다
11. 활자세		1. 엎드려 누운 채 등 뒤로 양손을 뻗어 양 발목을 잡는다. (당연히 다리는 반쯤 접힌 상태가 된다.) 2. 양손으로 양 발목을 힘껏 끌어당겨 활 모양을 이룬 채 최대한 버틴다. 3. 이때 고개는 뒤로 젖힌다. 최소한 3회 이상, 지나치게 힘들기 전까지 계속 한다
12.쟁기자세		1. 등을 바닥에 대고 눕는다. 2. 양 손바닥이 마루에 닿게 하여 가지런히 둔부 옆에 둔다. 3. 발끝을 당기고 턱을 당긴다. 4. 양쪽다리를 45도 각도로 펴 올리고 두 다리를 머리위로 넘겨준다.
13. 역물구나무		1. 천장을 향해 눕는다. 2. 치켜든 몸통과 다리는 가능한 한 바닥과 직각이 되도록 쭉 편다. 3. 턱과 가슴이 맞닿을 수 있도록 최대한 몸을 바닥에서 많이 떼어 거꾸로 선다. 4. 거꾸로 선 상태에서 오른쪽 다리를 위로해서 한번 꼬고, 오른발을 왼발의 뒤로 다시 한 번 더 꼬아준다.
14. 마무리자세		편안함과 유연성, 휴식을 가져다주는 자세다. 요가 동작을 하고 난 후 마무리하는 동작으로, 온몸의 긴장을 풀고 편안 자세로 옆으로 누워 휴식을 취하도록 한다.

♬ 아동 준비체조

☆ 새싹들이다

순서	노래가사	동 작 설 명
1	전주	제자리 걷기(16호) 전주곡에 맞추어 제자리 걷기를 한다. 제자리를 걸으며 체조 준비를 한다.
2	마음을 열어 하늘을 보라 넓고 높고 푸른 하늘 가슴을 펴고 소리쳐 보자 우리들은 새싹들이다	어깨운동(16호) 팔을 구부리고 어깨를 돌린다. 앞뒤로 8호씩 동작
3	푸른 꿈이 자란다 곱고 고운 꿈 두리둥실 떠간다 구름이 되어 (랄라라라)	옆구리 운동(16호) 팔을 위로 허리를 옆으로 쭉 펴서 구부린다. 반대쪽 방향으로 반복한다.
4	너른 벌판을 달려 나가자 씩씩하게 나가자 어깨를 걸고 함께 나가자 발 춰 나가자	허리운동(16호) 허리를 구부려 손은 발에 닿게 하고 반대로 손을 허리에 짚고 허리를 편다.
5	간주	허리운동(16호) 손을 허리에 대고 왼쪽으로 원을 그리며 돌려준다. 반대방향으로 반복한다.
6	마음을 열어 하늘을 보라 넓고 높고 푸른 하늘 가슴을 펴고 소리쳐 보자 우리들은 새싹들이다	다리운동(16호) 손을 무릎에 대고 두 번 굽히고, 일어나면서 무릎을 두 번 눌러준다.
7	해님되자 달님되자 별님이 되자 너른 세상 불 밝힐 큰 빛이 되자(랄라라라)	다리운동(16호) 앞으로 세 발짝 가서 다리를 모으며 박수를 치고 다시 세 발짝 들어오면서 박수를 친다.
8	무지개 빛깔 아름다운 꿈 모두 우리 차지다 너와 나 함께 우리가 되어 힘차게 나가자	숨쉬기 운동 팔을 옆으로 들며 숨을 들이 쉰 후에 팔을 내리며 숨을 내쉰다.

♬ 유아율동-1

☆알 아 알 아

순서	노래가사	동 작 설 명
1	돌! 아! 돌! 아!	오른쪽 손 두 번째 손가락을 하늘 향해 들고 두 번 흔든다.
2	알아 알아(짝짝짝) –반복	두 손을 양 허리에 놓고 머리와 함께 흔들고 두 번 양 손뼉을 박자에 맞추어 세 번 친다.
3	간주	달리기 자세로 콩콩 뛰다가 같은 자세로 한 바퀴 제자리에서 돈다.
4	이세상은 저하늘 처럼 높고 넓지만	양손을 한쪽씩 펼치고 양손 두 번째 손가락을 한쪽씩 든다. 오른쪽은 손위로 왼쪽 손은 아래로 한 후(높고) 양손은 옆으로 넓게 펼친다. (넓지만)
5	우리들은 무지개타고 날아다니지	양손을 한쪽씩 가슴위에 엑스자를 만든 후 양손을 오른쪽부터 위에서 아래로 내리며 반대쪽도 같은 방법으로 내린 후 양손을 날아다니는 동작을 한다.
6	검은 마음 품고서 어디엔가 숨었어도	양손 주먹 쥐고 한쪽씩 가슴위에 올려놓고 아래로 점점 앉았다가 점차 일어난다. 양손 이마에 차례로 한쪽씩 댄 후 살피는 동작
7	우리들은 알아 알아 꼴지 수색대~	양손을 한쪽씩 가슴위에 엑스자를 만든 후 2번 동작 팔을 쭉피며 동시에 왼손 오른손 엄지를 펴서 차례로 최고 동작 후 반대로 손가락을 아래쪽을 향하게 한다.
8	못도망가 우린 알아 알아	양손 한쪽씩 엑스자 되도록 한 후 우향우 방향으로 턴하며 뛴다.
9	꼭꼭 숨어도 알아 알아	양손 얼굴위에 대고 얼굴을 손바닥 밖으로 왼쪽 오른쪽 본다(까꿍)
10	못도망가 우린 알아 알아	양손 한쪽씩 엑스자 되도록 한 후 좌향좌 방향으로 턴하여 뛴다.
11	꼭꼭 숨어도 알아 알아	9번 동작 반복
12	꼴찌수색대 꼴지수색대	왼손 오른손 엄지를 펴서 차례로 가슴앞에 놓았다(최고) 반대로 엄지를 아래쪽을 향하게 한다 –반복

♬ 유아율동-2

☆ 예쁜 아기 곰

순서	노래가사	동 작 설 명
1	전주	양손을 주먹 쥐고 곰돌이처럼 박자에 맞춰 제자리걸음
2	동그란 눈에 까만 작은코	엄지와 검지를 둥글게 말아 두 눈앞에서 안경모양 양손 주먹 쥐고 오른손은 옆으로 쭉 왼손은 코끝에 댄다. 이와 반대로 한 번 더 반복
3	하얀 털옷을 입은 예쁜 아기 곰	두 손을 얼굴에 꽃받침 하듯 오른손 왼손 볼 옆에서 쓰다듬듯이 두 번 굴린 후 볼 옆에서 주먹을 쥔다.
4	언제나 너를 바라보면서	두 팔을 접어 올려 손바닥을 하늘을 향하도록하고 다리는 다이아몬드 스탭으로 오른발부터 하나 –둘– 셋– 넷
5	작은 소망 얘기하지	4번 동작을 반복
6	너의 곁에 있으면 나는 행복해	두 팔을 활짝 펼쳐서 자유로운 손동작 발은 시계방향으로 투 스탭 두 팔 엑스자로 모으고 앉았다 일어남
7	어떤 비밀이라도 말할 수 있어	6번 동작을 반복(단, 반시계방향으로 이동)
8	까만 작은 코에 입을 맞추면	양손 주먹 쥐고 오른손은 옆으로 쭉 왼손은 코끝에 댄다. 이와 반대로 한번 더 반복 두 손을 입술에 뽀뽀하고 엉덩이를 쭉 내밀며 오른쪽으로 턴, 왼쪽으로 턴 (뽀뽀쭉 뽀뽀쭉)
9	수줍어 얼굴을 붉히는 예쁜 아기 곰	두 손을 얼굴에 꽃받침 하듯 오른쪽 왼쪽 오른손부터 차례로 볼을 쓰다듬듯이 두 번 굴린 후 앉았다가 일어나며 볼 옆에서 주먹을 쥔다.

♬ 유아율동-3

☆ 꿀벌의 여행

가사	① 윙윙~	② 거칠고 험한	③ 산을	④ 날아가지요
동작	양발을 번갈아 뛰며 양팔을 아래로 쭉 뻗어 손목을 돌린다.	양볼에 주먹쥔 손을 차례로 놓는다.	손바닥을 펴서 산모양을 만든다	왼쪽손을 포인트해서 한발로 콩콩뛰며 같은 방향으로 이동
가사	⑤ 윙윙~	⑥ 머나먼 나라	⑦ 까지 꽃을	⑧ 찾아서
동작	①번과 동일	제자리에서 시계방향으로 한바퀴돈다	제자리에서 반시계방향으로 한바퀴돈다	왼손을 포인트해서 한발로 콩콩뛰며 같은 방향으로 이동
가사	⑨ 윙윙~	⑩ 조그만 날개	⑪ 고단하여	⑫ 너무 지쳤지만은
동작	①번과 동일	양팔을 어깨에 한쪽씩 올린다	양손을 차례로 가슴에 얹는다	두팔을 흔들며 점차 무릎을 구부려 앉는다
가사	⑬ 쉬지않고	⑭ 날아 가지요~	⑮ 반복	⑯ 야!야!야!
동작	조금씩다시 일어서며 제자리걸음	④와 동일	①~⑧동작반복	두팔을 쭉쭉펴며 위로- 가운데- 아래로 펴준다

응용해서 따라해 보세요

동작을 끝까지 익힌 후에 파트너와 둘이서 나란히 한쪽 팔을 껴고 일심동체가 되어 율동을 해본다. 둘이서 한마음이 되어 마치 혼자서 하는 것처럼 동작을 오른쪽 왼쪽 호흡을 맞추도록 한다.

♬ 유아율동-4

☆ 검정고무신

순서	노래가사	동 작 설 명
1	원 투 원 투 쓰리 포	오른손으로 하늘을 가리키며 다리 흔들기 (구령 : 원, 투, 원 투 쓰리 포)
2	전 주	펭귄처럼 양 허리 옆에 손을 펴서 붙인 후, 오른쪽 왼쪽으로 옆으로 2번씩 튕기기 × 8번
3	할아버지 할머니 어렸을 적에 신으셨던 추억의 검정 고무신	오른팔은 위로 왼팔은 아래로 90도로 만든 후, 오른쪽부터 위 아래로 엇갈리게 3번 흔들고 박수 왼쪽도 똑같이 위 아래로 엇갈리게 흔들고 박수× 4번
4	엄마 아빠도 어렸을 적 신던	올챙이 춤 (오른쪽으로 2번 왼쪽으로 2번)
5	헐렁하고 못생긴 검정고무신	박수치며 앞뒤로 머리를 흔들기 × 4번 (구령 : 앞, 뒤, 앞, 뒤)
6	지금 다시 생각해 보면 웃지 못 할 이야기 정다운 얘기	오른쪽 왼쪽 오른쪽 아래 왼쪽 아래 방향으로 손 털기 × 2번
7	검정 고무신	왼 손은 허리에 오른손은 하늘을 가리키기 (구령 : 오른쪽 하늘 찌르고)
8	반 주	개다리 춤 × 4번
9	이제는 지나 버린 꿈같은 이야기 미워도 했고 사랑도 했고 원망도 했지만	오른쪽부터 아래에서 위로 올라오며 둥글게 둥글게 한 뒤 손피고, 왼쪽 아래에서 위로 올라오며 둥글게 둥글게 한 뒤 손피기 × 2번
10	워 워 워~	트위스트 (오른쪽 왼쪽 원을 그리며) × 3번
11	반 주	양손을 어깨위로 올려 옆으로 핀 후 앞뒤로 흔들기 (오른쪽 왼쪽 방향으로 2번씩) 양손의 아빠 손가락을 핀 후 앞뒤로 흔들기 (오른쪽 왼쪽 방향으로 2번씩)
12	지난 시절 다시 오진 않아도 모두가 아름답고 정답던 얘기 꿈같은 얘기	3번 동작 3번 하기
13	검정고무신	오른쪽 하늘 찌르고 왼쪽 하늘 찌르기
14	반 주	8번 반복 (개다리 춤)
15	노래 반복	1번부터 14번 까지 동작 반복

♬ 유아율동-5

☆ 손 씻기 송

순서	노래가사	동 작 설 명
1	흔들흔들 손 꼬물꼬물 손	두 손위로 까딱 까닥 양팔 벌려 꼬물꼬물
2	활짝 펴서 보았더니	두 손 모았다가 펴보기
3	어 ~ 병균들아 저리 가!	야구공 던지듯
4	흔들흔들 손(손!)	두 손위로 까딱 까닥 두 손 모았다가 만세
5	꼬물꼬물 손(손!)	양팔 벌려 꼬물꼬물 두 손 모았다가 팔 벌리기
6	놀고 나서 씻었나요?	양팔접어 날개 짓 4번
7	병균들은 싫어요	야구공 던지기 3번
8	두 손 가득 뽀글뽀글 비누칠 뽀글뽀글	손 씻기 위아래로
9	졸졸졸 물소리 기분 좋아	두 손 뒤로 갔다가 다시 앞으로
10	손바닥 쓱싹쓱싹 손등까지 하얗게	손 씻고 손등도 씻기
11	오오오오~ 뽀글뽀글	두 손, 두 무릎 오른쪽으로 돌리고 손 씻기
12	오오오오~ 뽀드득 뽀드득	두 손, 두 무릎 왼쪽으로 돌리고 손 씻기
13	오오오오~ 기분 좋아	두 손 안쪽으로 돌리기 두 손 바깥쪽으로 돌리기
14	깨끗한 손 건강한 내손	양쪽으로 점프 손 한쪽씩 앞으로 내밀기
15	흔들어 보세요. 손!	손 흔들기 오른쪽으로 점프

♬ 유아율동-6

☆ 아기공룡 둘리

순서	노래가사	동 작 설 명
1	전주	펭귄 자세를 하고 몸을 좌우로 흔든다. 중간에 빰빰부분은 무릎을 2번 구부렸다 편다.
2	요리보고 저리 봐도	손을 펴서 이마 위로 좌우로 본다.
3	알 수 없는 둘리 둘리	검지 손가락으로 양 옆으로 젓고 둘리는 손을 펭귄 자세를 취한다.
4	빙하타고 내려와	손을 펴서 위로 올리고 내려와는 손을 내린다.
5	친구를 만났지만	양 옆 사람과 악수를 한다.
6	1억년 전 옛날이	오른손으로 오른쪽을 뻗어가고 왼손으로 왼쪽을 뻗어간다.
7	너무나 그리워	손을 가슴에 포개고 몸을 양 옆으로 흔든다.
8	보고픈 엄마 찾아	오른쪽 왼쪽 번갈아가며 뛴다.
9	모두 함께 떠나자 아하 아하	양 옆 사람과 손을 잡고 앞으로 2~3발자국 나가고 아하 부분에서는 손을 입 앞으로 모아서 좌우로 뻗는다.
10	외로운 둘리는 귀여운 아기공룡	손을 가슴에 포개고 몸을 흔들면서 앉고 몸을 흔들면서 일어선다.
11	호이 호이 둘리는	손을 펴고 입으로 호~불면서 좌우로 반복하고 펭귄 자세를 취하면서 엉덩이를 흔든다.
12	초능력 내 친구	옆 사람과 팔짱을 끼고 한 바퀴를 돈다.

♬ 유아율동-7

☆돌아 돌아 짝짝짝

순서	노래가사	동 작 설 명
1	손뼉치고 손뼉치고	짝과 함께 마주본다 손을 둥글게 말면서 오른손부터 짝과 엇갈리게 손뼉
2	짝짝짝 × 2	짝과 함께 손뼉을 마주 친다.
3	돌아 돌아 돌아 돌아	짝과 팔짱을 끼고 오른손은 반짝반짝하면서 돈다.
4	짝짝짝 × 2	혼자 손뼉 세 번을 친다.
5	윙크하고 윙크하고	오른손을 들어 눈 가까이에 대면서 눈과 함께 깜박
6	좋아해 × 2	사랑의 총알을 날린다.
7	돌아 돌아 돌아 돌아	짝과 팔짱을 끼고 오른손은 반짝반짝 하면서 돈다.
8	좋아해 × 2	짝과 엉덩이를 친다.
9	간질이고 간질이고	짝을 간지럼을 태운다.
10	휘휘휘 × 2	박수를 친다.
11	돌아 돌아 돌아 돌아	짝과 팔짱을 끼고 오른손은 반짝반짝 하면서 돈다.
12	간지러 × 2	때를 미는 흉내를 낸다.
13	안아주고 안아주고	짝을 안아준다.
14	뽀뽀뽀 × 2	머리를 쓰다듬어 준다.
15	돌아 돌아 돌아 돌아	짝과 팔짱을 끼고 오른손은 반짝반짝 하면서 돈다.
16	뽀뽀뽀 × 2	짝과 어깨를 친다.

♬ 태권도

활 동 명	태권도 – 약속 겨루기		
활 동 목 표	– 유아들이 태권도의 기본동작을 익힌다. – 기본동작에 맞추어 약속 겨루기를 할 수 있다.		
대상연령	만 4~5세	소요시간	20분
활 동 방 법			

Ⅰ. 주의집중 및 도입 – 공중회전

1. 유아들을 반 바퀴, 한 바퀴, 한 바퀴 이상의 순서로 공중회전을 하여본다.

Ⅱ. 본활동 – 약속겨루기

1. 시범을 보인 후 구령에 맞추어 한 동작씩 배워본다.
2. 동작을 익힌 후 구령 없이 연속동작으로 익혀본다.

구령 '하나' 마주보고 준비자세	구령 '둘' (공격합니다) 오른쪽편 앞굽이 아래막기
	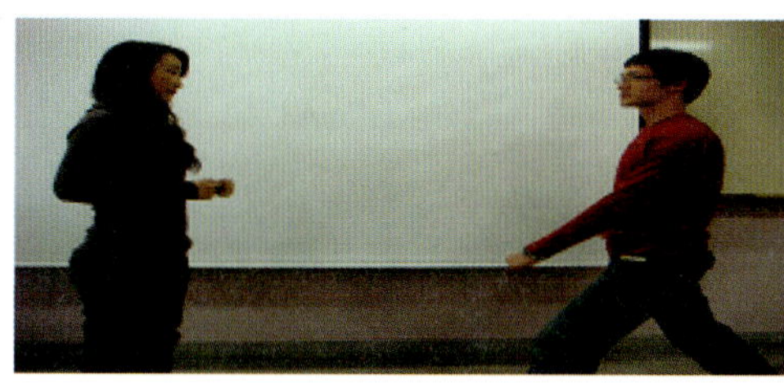
구령 '셋'(공격해라) 왼쪽편 다시준비 '기압'	구령 '넷'(공격) 오른편 얼굴지르기

구령 '다섯'(반격) 왼쪽편 손날막고 얼굴지르기	구령 '여섯'(바로) 다시 준비자세

비고(유의사항 및 참고사항)	순서를 익힌 후 2~3가지 정도 다른 동작들을 응용할 수 있다. 성인을 대상으로 호신술 지도할 수 있다.

♬ 유아율동-8

☆ 안녕 자두야!

가사	동작	설명
새콤하게 자 달콤하게 두	양팔을 어깨 쪽으로 구부린 후 4번 위아래로 흔든다. 자에서 양손을 턱 아래에 꽃모양으로 펴준다. 두에서 검지로 입술을 가리킨다.	
전주	양손을 엉덩이에 대고 2번씩 치며 발을 양쪽으로 뛰어준다.	
오늘부터 우리 친구하자 안녕	한손 씩 양쪽으로 뻗은 후 흔들어 준다.	
내 이름은 자두 명랑소녀 자두	양손을 차례차례 가슴에 놓고 위아래로 흔들어 준다.	
힘차게 달려 신가게	양손을 주먹진후 어깨 높이까지 들어준 후 4번 제자리에서 뛰어준다.	
어디든지 갈수 있어	한손을 검지로 4번찍은 후 제자리로 뛰어준다.	
오늘부터 우리 친구하자 안녕	반복	위와 같음
내 이름은 자두	반복	위와 같음

가사	동작	설명
명랑소녀 자두		
맘껏 소리쳐 더 크게 더 크게 외쳐봐	양손을 입 주변에 펴준 후 고개를 두 번 끄덕여 준다.	
랄랄랄랄 새콤해	오른쪽으로 4번 뛰어준 후 양손에 주먹을 쥐고 어깨 높이에서 흔들며 밑으로 내려준다	
랄랄랄라 달콤해	반대쪽으로 4번 뛴후 양손을 최고 모양으로 한후 양쪽으로 흔들어 준다.	
너와 함께라면 어디든지 좋아	양손을 총모양 처럼 잡아준 후 총 쏘는 것처럼 한다.	
마음 가득히 짜릿해	한쪽 손을 주먹 쥔 후 머리위로 두 번 옮겨 주며 옆으로 이동한다.	
세콤하게 자 달콤하게 두	반복	반복
너와 나는 친구야 우린 최고의 친구야	양손으로 총 모양을 만든 후 앞으로 양하고 최고모양을 만든 후 가슴 쪽으로 향하게 한다. 손으로 하트를 만들어 앞으로 보낸다.	
너와 함께라면 어디든지 갈 수 있어	양손을 총 모양으로 만들어 준 후 다리를 들며 앞으로 쏴준다. 양팔을 비행기처럼 펴준 후 원을 만들며 이동한다.	

♬ 유아율동-9

☆ 뽀 로 로

순서	노래가사	동 작 설 명
1	간주	기지개를 피면서 하품을 한다.
2	야 뽀로로다	양손으로 인사를 한다.
3	노는게 제일 좋아 친구들 모여라	양손을 번갈아가면서 눌러준 뒤 엉덩이를 친다 × 2
4	언제나 즐거워 개구쟁이 뽀로로	양손으로 원을 그리며 찔러준다(방향반대로) 한손을 머리에 한손은 허리에 두고 두리번거린다.
5	눈 덮인 숲속 마을 꼬마 펭귄 나가신다	양손을 원을 그리며 앞으로 나가서 배를 치고 등을 친다. 양손으로 원을 그리며 뒤로 가서 등을 치고 배를 친다.
6	언제나 즐거워 오늘은 또 무슨 일이 생길까	양손으로 원을 그리며 찔러준다.(방향반대로) 같은 쪽 손과 발을 마주친다.
7	뽀로로를 불러봐요	한손을 머리위로하고 다른 한 손은 발끝을 잡고 돈다.
8	뽀롱뽀롱 뽀로로 뽀롱뽀롱 뽀로로	머리를 흔들고 머리와 어깨를 동시에 흔든다.
9	뽀롱뽀롱 뽀롱뽀롱 뽀롱뽀롱 뽀롱뽀롱 뽀로로	머리와 어깨를 동시에 흔들면서 한 바퀴를 돈다.
10	노는게 제일 좋아 친구들 모여라	양손을 원을 그리며 앞으로 나가서 배를 치고 등을 친다. 양손으로 원을 그리며 뒤로 가서 등을 치고 배를 친다.
11	언제나 즐거워 뽀롱 뽀롱 뽀롱 뽀롱 뽀로로	같은 쪽 손과 발을 마주친다. 한 바퀴를 돌아서 주저앉았다가 일어난다.

♬ 유아율동-10

☆ 밀림으로

노랫말	동작설명	구호	사 진
산 속에 깊은 강 x2	양 손의 끝을 붙였다 뗐다 하며 산의 모양을 2번한 후 '강'할 때 왼쪽에서 오른쪽으로 오른쪽에서 왼쪽으로 강물이 흐르듯이 표현한다.	강물	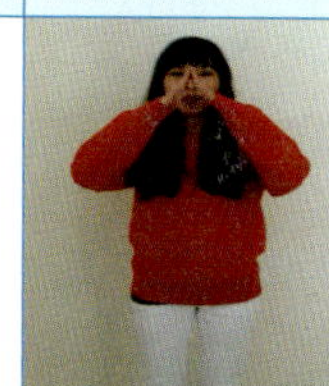 
배를 타고 x2	손은 주먹을 쥐고 왼쪽에서 2번, 오른쪽에서 2번 노 젓듯이 팔을 젓는다.	배젓기	 
밀림으로 x2	엄지와 검지 손으로 총 모양을 만들어 총을 쏘며 앞으로 2발, 뒤로 2발 간다.		 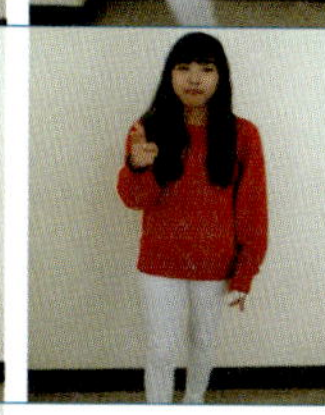
꿩 두 마리 푸드득 푸드득	손가락 끝이 바깥을 보도록 손목을 90도로 꺽은 후 오른팔, 왼팔을 허벅지 옆에 붙이고 꿩이 푸드득 거리는 것처럼 표현한다.	푸드득 날개	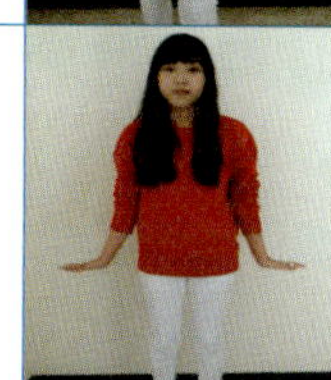
물개 두 마리 쑥~ 쑥~	한 손씩 주먹을 쥐고 물개가 물에서 나오는 것처럼 양 손 사이에 머리를 두고 양 손을 내리며 '쑤욱'표현한다.	물개 쏙	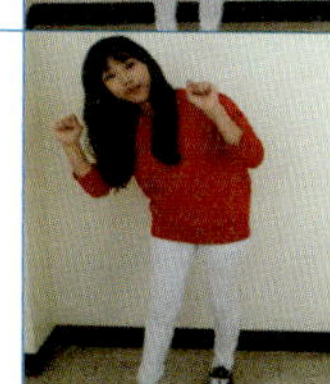 
다람쥐 두 마리 토독 토독	손바닥을 펴서 얼굴높이까지 올린 후 '토독'에서 손만 위아래로 움직인다.	토독 토독	 
달려든다 호랑이 어흥!	양 손을 펴서 손바닥이 바깥을 보이게 한 후, 양 손이 안쪽으로 오게 돌린다. '이'할 때 잠깐 멈췄다가 '어흥'부분에서 한발자국 앞으로 나가며 잡는 시늉을 한다.	어흥	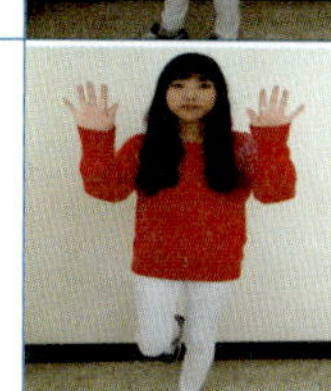 

♬ 유아율동-11

☆ 날 개

순서	노래가사	동 작 설 명
1	전주부분	허리에 손을 올리고 무릎을 굽혔다 편다.
2	하늘 높이 훨훨 날아올라	한 손을 허리 옆에 붙이고 손바닥으로 동그랗게 원을 두 번 그린 후 하늘을 향해 손을 쭉 뻗어 찌르고
3	날아올라	양 팔을 날개 짓 하듯 파닥이며 한 쪽 발을 두 번 찬다.
4	높이높이 저 하늘 끝까지 (끝까지)	2번, 3번 동작을 반대쪽으로 반복한다.
5	훨훨~ 파득파득 날고 싶다네	한쪽 팔씩 차례로 높이 뻗은 후 손을 팔랑이며 어깨 높이까지 내려 수평을 만들고 손을 왔다 갔다 두 번 반복 한다.
6	날고 싶다네	점프하며 한쪽 발씩 번갈아 피고 손은 날개 짓 하듯 아래위로 왔다 갔다 해 준다.
7	멀리멀리 훨훨 날아올라	다시 한 쪽 팔씩 차례로 위로 올리고 날개 짓하듯 내린다.
8	높고높은 구름 너머 끝까지	양손을 꼬불꼬불하게 위로 올리고 위에서 두 손을 번갈아 돌린 후 위를 향해 뻗는다.
9	훨훨~ 파득파득 날고 싶다네	5번 반복
10	날고 싶다네	점프하며 한쪽 발씩 번갈아 피고 손은 날개 짓 하듯 아래위로 왔다갔다 해준다.

♬ 유아율동-12

☆ 모두가 천사라면(펭귄댄스)

전주부분 (뒤돌아서 엉덩이를 흔들다가 전주가 끝나면 뒤를 돈다)	세상 사람들이 모두가 천사라면 (손을 아래로 내리고 왼쪽, 가운데방향으로 흔들면서 왼쪽으로 걸어간다)	날개가 달려 있겠지 (손을 아래로 오른쪽, 가운데 방향으로 흔들면서 오른쪽으로 걸어간다)	푸른 하늘 위로 새처럼 난다면 (왼쪽, 오른쪽 번갈아 가면서 두 손을 입가에 모은다)	얼마나 재미있을까 (두 손을 올리고 다리를 벌리고 왼쪽으로 걷는다)

세상 사람들이 모두가 천사라면 (왼쪽 오른쪽 번갈아 가면서 두 손을 입가에 모은다)	비행기도 필요없는데 (두 손을 올리고 다리를 벌리고 오른쪽으로 걷는다)	우리오빠처럼 (두 손을 모아서 가슴에 올린다)	뚱뚱한 사람들은 (두 손을 엉덩이에 올린다)	어떻게 날아다닐까 (엉덩이를 흔든다)

천사의 (왼손을 머리위로 올린다)	마음 (오른손도 머리위에 올린다)	갖고 싶어 (왼쪽으로 한걸음 이동하고 왼쪽으로 허리를 구부린다)	그렇게 (오른손을 머리위로 올린다)	될 수 (왼손도 머리에 올린다)

있다면 (오른쪽으로 한걸음 이동하고 오른쪽으로 허리를 구부린다)	천사의 노~ (양손을 펭귄처럼 하고 왼쪽으로 뒤뚱뒤뚱 걷는다)	래 (왼손을 올리고 오른손은 내리고 오른발을 올린다)	들으면~ (양손을 펭귄처럼 하고 오른쪽으로 뒤뚱뒤뚱 걷는다)	서 (오른손을 올리고 왼손은 내리고 왼발을 올린다)

끝없는 (왼손을 머리 위로 올린다)	사랑 (오른손도 머리 위로 올린다)	간직하리 (뒤뚱뒤뚱 걸으면서 제자리에서 돈다)		

♬ 유아율동-13

☆아기다람쥐 또미

동작				
가사	쪼로롱	산새가	노래하는	숲속에
동작 설명	두 번째 손가락을 들고 오른쪽으로 두걸음 가서 하늘로 찌른다.	두 번째 손가락을 들고 왼쪽으로 두걸음 가서 하늘로 찌른다	두손을 펴고 새끼손가락과 엄지손가락을 겹쳐 입술에 대고 왼쪽오른쪽 한번씩 본다.	두손을 펴고 새끼손가락과 엄지손가락을 겹쳐 왼쪽에서부터 오른쪽까지 4번에 걸쳐 찍기
동작				
가사	예쁜아기	다람쥐가	살고있었어요	울창한
동작 설명	한손씩 펴서 얼굴에 가져다 꽃만들기	주먹을 쥐고 볼에 가져다 댄다.(한손씩)	오른쪽방향으로 주먹쥐고 한바퀴 돌기	한손씩 머리에 올려 머리위에 동그라미 만들기

동작		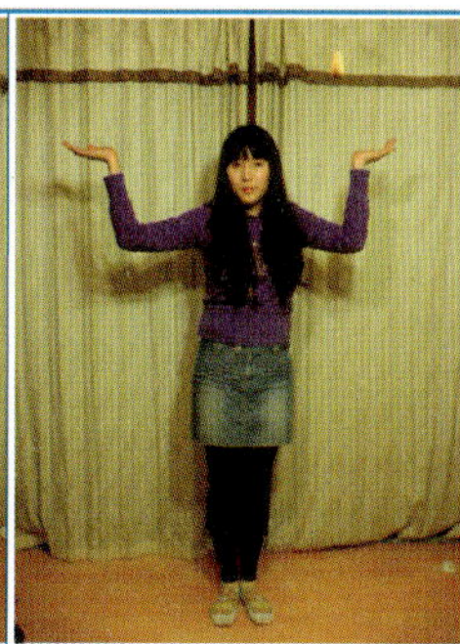		
가사	숲속	푸른 나무	위에서	아기다람쥐
동작 설명	머리위에 동그라미하고 왼쪽으로 갸우뚱 오른쪽으로 갸우뚱	팔을 들어 접어 손바닥은 하늘을 보기 (양손모두다)	왼쪽 오른쪽 한번씩 옆으로 찌르면서 앉았다 일어나기	한손씩 펴서 얼굴에 가져다 꽃만들기
동작				
가사	또미가	살고있었어요	야호	노래부르자
동작 설명	주먹을 쥐고 볼에 가져다 댄다. (한손씩)	오른쪽 방향으로 주먹쥐고 한바퀴 돌기	앉았다가 만세 부르면서 일어나기	두손을 펴고 새끼손가락과 엄지손가락을 겹쳐 입술에 대고 왼쪽 오른쪽 한번씩 본다.
동작			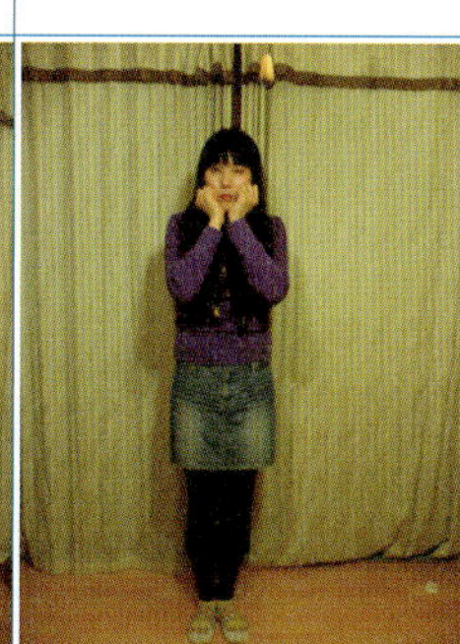	
가사	숲속의 아침을	귀여운	아기다람쥐	또미
동작 설명	왼쪽으로 두손을 펼진다 (오른쪽도)	한손씩 펴서 얼굴에 가져다 꽃만들기	주먹을 쥐고 볼에 가져다 댄다(한손씩)	사랑의 총알 날려주기

제 5 장

부모와 영아를 위한 놀이

- 짜투리시간 활용 놀이법 -

1. 부모는 준비된 놀이 스승
2. 짜투리 시간 놀이활동법

1. 부모는 준비된 놀이 스승

1) 놀이 환경과 놀이지도

놀이가 어린이의 발달에 커다란 영향을 미친다는 것을 깨달은 부모가 할 수 있는 가장 중요한 것은, 놀이에 대한 부모의 긍정적인 태도이다.

부모 스스로 놀이가 자녀의 발달에 중요하다 여길 때 아동 또한 놀이의 가치를 알게 된다.

따라서 부모는 놀이가 어린이의 발달에 미치는 중요한 역할을 인식하고 어린이가 놀 수 있는 바람직한 놀이 환경을 제공하는 노력을 기울여야 합니다. 놀이 환경에는 안전한 놀이장소 마련해주기, 마음 놓고 놀 수 있는 시간 할애하기, 놀잇감 제공 및 놀이에 필요한 다양한 경험 제공이 필요하다.

1970년대에 들어서면서 놀이가 어린이의 인지 발달에 커다란 영향을 미친다는 연구들이 나타나면서 성인들의 보다 적극적인 개입이 어린이의 놀이를 확장할 수 있다는 입장이 대두되었다.

다음의 네 가지 점을 통하여 부모는 아이의 놀이를 확장시킬 수 있다.

① 부모가 놀이를 가치 있는 활동으로 여기면 어린이도 놀이를 중요하게 여긴다.

부모가 아이의 놀이에 흥미를 보이고 참여하려는 노력을 보일 때 아이는 놀이에 집중하여 보다 많은 시간을 할애한다.

② 부모가 놀이에 참여함으로써 자녀와의 유대감 형성이 가능하다.

부모가 자녀와 함께 놀아주면 어린이들은 부모에게 친밀감을 느끼며 놀이 친구로 여기게 됩니다.

③ 부모의 놀이개입은 아동의 놀이 활동이 오랜 시간 지속되게 할 수 있다.

성인이 놀이에 참여할 때 어린이의 놀이가 또래와 놀 때 보다 놀이시간이 두 배로 오래 지속되는 것을 알 수 있다. 특히 놀이의 지속성은 과업수행을 지속시키는 능력으로 연결된다. 성인의 놀이개입은 이러한 기술이 발달 되도록 도울 수 있다.

④ 높은 수준의 놀이를 가능하게 한다. 부모의 놀이참여는 아동의 놀이수준을 높일 수 있다.

부모가 놀이에 관심을 보이며 놀이에 참여하면 어린이는 놀이가 가치 있는 중요한 활동이라 여기게 됩니다. 또한 부모의 개입은 서로 친밀감을 느끼고 어린이의 놀이시간이 지속되게 함으로써 수준 높은 놀이로 이어지게 합니다.

2) 아빠는 준비된 놀이 스승

① 좋은 아빠란 아이와 네트워크가 있는 아빠를 말합니다.

다시 말해 서로 간에 교감이 존재한다는 것이다. 아이와 네트워크를 형성하는 가장 좋은 방법은 잘 놀아주면 된다. 함께 노는 것처럼 친해지기 쉬운 방법은 없다. 놀이에는 재미가 있기 때문이다. 그 재미를 만드는 사람이 아빠이기에 일단 시동이 걸리면 아빠를 더욱 찾게 된다. 놀이를 하다보면 아이가 좋아하는 것과 싫어하는 것이 무엇인지 등 아이에 대한 많은 정보를 얻을 수 있게 됩니다.

② 사실 아빠들은 이미 준비된 놀이의 스승인 경우가 많다.

마음만 먹으면 어린자녀와 재미있게 놀아줄 수 있는 경험과 능력과 자질을 이미 가지고 있다.

아빠들은 이미 경험적으로 준비된 놀이의 스승이다. 시간이 없다고 해도 짬짬이 시간을 내어 놀아줄 준비가 되어 있다. 단지 새로운 환경에서 놀이를 찾기가 쉽지 않고 새로운 놀이를 만들어내기가 부담스러울 뿐이다.

많은 시간을 함께해서 아이와 함께해야 한다는 생각으로 부담스러워 하지 말고, 하루 10분 혹은 틈나는 대로 짬짬이 짜투리 시간을 활용해서 놀아주세요.

아이와 놀다보면 엔돌핀이 증가하고 집안에 웃음꽃이 만발합니다. 놀이에 익숙해지면서 서로가 서로를 원하게 되고 그것은 가족만이 느끼는 깊은사랑입니다.

③ 아이들은 금방 자랍니다.

아빠들이 바쁘다는 핑계로 아이와 교감하기를 미루다보면 시간은 금방 지나 사춘기가 되고, 사춘기가 되면 아이들은 더 이상 부모를 찾지 않고 그 자리를 친구와 컴퓨터가 대신하게 됩니다. 돈 달라고 할 때만 부모가 필요할 뿐이다. 좋은 아빠가 된다는 것은 가정의 화목을 만드는 활력엔진이다. 아빠와 아이가 잘 노는 것을 보면 엄마의 짐도 덜어지고 집안에 웃음소리가 끊이지 않습니다. 쉽고 간단한 것부터 시작을 해봅시다.

놀이야말로 어릴 적부터 하는 것이 매우 중요합니다.

자 이제 짜투리 시간을 활용하여 자녀와 놀아주세요.
시작이 반입니다.

3) 아빠와 아이의 놀이가 주는 13가지 이득

1. 창의력이 높아진다.

 아빠와의 다양한 경험이 창의력을 높여준다.

2. 배려를 배운다.

 아빠와의 신체놀이에는 배려가 자연히 발생한다.

3. 집중력

 놀이 후에는 사념이 없음으로 자연히 집중력이 높아진다.

4. 몰입

 놀이를 열심히 하면 대상과 나가 하나가 되는 물아일체를 경험한다.

5. 자유정신을 배운다.

 끊임없는 사고는 곧 다양한 몸짓으로 나타난다.

6. 자존감을 배운다.

 자신의 가치를 인정, 가족 속에 나

7. 의사소통을 배운다.

 아빠와의 놀이 속에서 자연 발생한다.

8. 신체기능을 배운다.

 유연성, 평형감각, 공간지각능력 등

9. 사회성을 배운다.

 아빠와의 놀이를 통하여 집단생활에 쉽게 적응하여 인간관계의 증진을 도모한다.

10. 질서를 배운다.

 놀이 후에 정리를 함은 곧 놀이 이전의 상태로 만들어 이는 곧 가정의 질서를 자연스럽게 만든다.

11. 사랑을 배운다.

 스킨쉽이 많은 것은 곧 사랑이다.

12. 자신감을 배운다.

 무엇이든 할 수 있다는 것을 배운다.

13. 행복을 배운다.

 아이는 5살까지 평생의 효도를 다한다.
 함께 웃는 웃음이 곧 최고의 행복이다.

출처) 권 오진 저(아이의 미래를 바꾸는 아빠의 놀이혁명)

2. 짜투리 시간 놀이활동법

놀이 Tip - Best 30

번호	놀이제목	준비물	놀이날짜/ 만족도
1	스티커떼기 놀이	모양스티커	
2	손뼉치기놀이	유아 음악	
3	아기농구	공, 상자	
4	따라그리기	종이, 연필, 색연필	
5	뚜껑 맞추기	유리병, 그릇용기	
6	종이접기	색종이	
7	흉내내기		
8	김밥말기	커다란 타월	
9	코알라놀이		
10	풍선불기	풍선	
11	풍선배구	풍선, 노끈	
12	림보림보	부드러운 끈	
13	목소리 녹음하기	녹음기, 카세트테이프	
14	그림자 놀이	손전등, 셀로판지	
15	청기! 백기!	나무젓가락, 색종이	
16	몸을 타고 높이높이~		
17	스카프 춤	스카프, 음악	
18	병원놀이	병원놀이 기구	
19	페트병 악기	페트병, 쌀, 콩	
20	신문지놀이	신문지	
21	카나페 요리하기	비스킷 외 재료	
22	스타킹 줄다리기	헌 스타킹	
23	노래와 율동	노래 CD	
24	내가 만든 퍼즐	두꺼운종이, 동화책, 가위	
25	쌀 보리 게임		
26	문질러 베끼기	얇은종이, 색연필, 사물	
27	콕!콕!콕! 점 잇기	큰종이, 색연필	
28	가족 몸 그리기	종이, 크레파스, 색연필	
29	가라앉네 점점점	여러 가지 사물	
30	동화책 읽어주기	동화책	

짜투리 시간 이렇게 놀아요!

【놀이 활동 방법】

1. 스티커 떼기 놀이

여러 모양의 스티커를 바닥에 붙여놓고 떼도록 유도한다.

반 정도만 붙여놓아 손가락으로 촉감을 느낄 수 있도록 유도합니다. 손가락을 미세하게 움직이는데 도움이 된다.

| 응용 | 아빠와 엄마 아이의 얼굴에 스티커를 다섯 개 정도 붙인다. 가위 바위 보를 하여 이긴 사람이 스티커를 떼어간다. 스티커를 많이 붙인 사람이 이기는 놀이이다.

2. 손뼉 치기 놀이(손 자극 놀이법)

아이의 두 팔을 잡고 손바닥이 마주치게 손뼉을 쳐준다. 손 전체를 자극하는 효과가 있다. 한쪽 손가락으로 다른 손가락을 찍는 곤지곤지, 손을 폈다 접었다 하는 잼잼도 같이해준다.

| 응용 | 신나는 동요음악을 틀어놓고 손바닥, 손가락, 손끝, 주먹을 골고루 박자에 맞추어 서로 마주쳐본다. 리듬감도 생기고 건강에도 도움이 됩니다.

3. 아기농구

입구가 넓은 바구니나 커다란 박스를 벽 쪽에 세워두세요.
통통통 튀겨도 보고 스르르 굴려도 보고 아이가 공으로 여러 가지 활동을 할 수 있도록 도와주세요. 아이가 공에 익숙해지면 박스에(골대) 공을 넣는 시범을 보여줍니다. 슛~ 골인! 골대 앞에서 공을 넣었더라도 아이는 스스로 넣었다는 사실 하나만으로 무척 즐거워합니다.^^

4. 그림그리기

손에 연필이나 색연필을 잡게 하고 그림 그리기 놀이를 시켜봅니다.
동그라미, 세모, 네모 등 여러 형태를 모방해서 따라 그리게 한다.

손가락, 손목을 세밀하게 움직이는 능력을 키워준다.

5. 뚜껑 맞추기

여러 가지 모양의 뚜껑을 열고 닫아보게 한다.
단순한 동작이지만 손목을 이용하고 양손을 정확하게 사용할 수 있는 능력을 키울 수 있다. 밀폐 용기의 뚜껑이나 돌려서 여는 유리병을 이용하여 맞는 뚜껑을 찾아 맞추도록 하여 아이들의 성취감도 기를 수 있다.

6. 종이접기

엄마 아빠가 접는 시범을 보이고, 반 또는 대각선으로 색종이 접는 놀이를 한다. 종이의 끝과 끝을 정확하게 맞추고 접은 종이를 눌러주는 동작까지 아이가 할 수 있도록 유도한다. 연령에 맞은 종이접기 책을 구입하여 아이와 함께 신기한 종이의 변신과정을 체험한다. 소 근육 발달, 집중력, 성취감, 심미감 등을 길러준다.

7. 흉내 내기

코끼리. 고양이, 새, 벌, 원숭이 등의 동물소리를 들려주고 아이들이 자유롭게 흉내낼 수 있게 해보세요. 이때 부모님은 정형화된 몸짓을 유도하지 마세요.

이번에는 이불속에서 동물소리를 흉내내 보세요. 아이가 이 동물을 알아 맞추면 동물처럼 이불 속으로 쏙~들어오게 합니다.

8. 김밥말기

커다란 타월에 아이를 통나무처럼 굴려서 똘똘 말아주세요.
무엇이 될까요? 맞았어요. 바로 맛있는 김밥 이예요. 김밥을 맛있게 흉내를 내면서 타월에 말린 아이를 천천히 풀어주세요. “냠냠 맛있는 김밥 다 먹었네.”

9. 코알라 놀이

아기 코알라가 돼서 아빠의 등과 배에 매달려보세요. 아빠 코알라가 움직이기 시작하네요. “아기 코알라야, 힘내! 떨어지면 안돼!”

10. 풍선불기

빨간 풍선에 바람을 넣어 점점 커지는 것을 보여주세요. 이번에는 아이가 빨간 풍선이 되어 엄마가 훅훅 불기 시작하면 점점 커지기 시작해요. 몸을 가장작게, 점점 크게, 가장 크게 만들어 보세요. 바람이 빠지는 것도 표현할 수 있어요.

| 응용 | 풍선을 크게 불어주시고 바람을 순간 빼면 풍선이 날아가지요.
날아가는 풍선을 잡는 놀이도 즐거워 한 답니다.

11. 풍선배구

공간 중앙에 부드러운 끈을 양옆으로 연결하여 배구장처럼 꾸며주세요.
알록달록한 풍선을 부모님이 먼저 살짝 쳐서 넘겨주세요. 풍선을 주고받고 하면서 아이가 놀이에 익숙해지면 규칙(넘어온 풍선을 떨어뜨리면 상대편이 점수를 얻는 것)을 정해 보다 흥미롭게 놀이를 즐겨보세요. 엄마 혹은 아빠가 아이와 같은 편이 되어주세요. 집중력과 끈기가 생기고 운동능력이 보다 정교해져요.

12. 림보 림보

손으로 바닥을 짚지 않으면서 허리를 뒤로 젖힌 채 무릎을 구부려 끈 아래를 통과하는 림보게임!

어디에서라도 부드러운 노끈이나 끈을 묶을 기둥만 있다면 유쾌한 시간을 즐길 수 있답니다. 키가 작은 아이가 아빠 엄마보다 유리하기 때문에 부모보다 잘 할 수 있다는 사실에 아이들이 즐거워할 뿐 만 아니라 성취감과 승리감도 느낄 수 있어요.

13. 목소리 녹음하기

카세트 하나면 끝~!
전화벨 소리, 가족이 움직이는 소리, 엄마 아빠의 음성, 초인종 소리, 노래 소리 등등 주변에서 쉽게 들을 수 있는 소리들을 녹음해보세요. 특히, 아빠의 음성에 보다 큰 반응을 보일 것입니다. 소중한 아이에게 다양한 높낮이와 길이의 아빠 음성을 들려주면서 즐거운 시간을 가져보세요.

14. 그림자 놀이

커졌다. 작아졌다. 아이를 아빠보다 더 크게 키워주세요.
약간 어두운 방에서 엄마는 손전등을 양손에_쥐고 아빠는 아이와 함께 손전등 앞에 서서 그림자가 생기도록 앞으로, 뒤로 ,천천히, 빠르게 왔다갔다 해보세요. 아이는 그림자가 생기는 자체만으로도 신기해 할 뿐만 아니라 자신의 움직임에 따라 변하는 그림자를 보고 즐거워 할 거예요. 손전등 앞에 서 있는 위치를 변화시켜 아이가 아빠나 엄마보다 더 큰 그림자를 만들 수 있도록 도와주세요.

| 응용 | 손전등 앞에 색깔 있는 셀로판지를 붙여서 여러 가지 색의 그림자를 만들어 보세요. 마치 동화나라에 온 것처럼 환상적인 분위기에서 놀이를 즐길 수 있을 거예요.

15. 청기! 백기!

아이와 함께 나무 젓가락과 색종이를 이용하여 청기 백기를 완성합니다.
청기를 흔들면 토끼처럼 깡충깡충 뛰어오고 백기를 흔들면 살금살금~기어오도록 동작과 관계된 규칙을 정해보세요.

아이가 규칙을 잘 이해하면 청기와 백기를 점점 빨리 흔들어 보세요. 헷갈려도 아이는 깔깔 웃으며 즐거워할 거예요.

16. 몸을타고 높이높이~

아이가 마치 등산을 하듯이 아빠 몸을 타고 높이 높이~ 올라갈 수 있도록 도와주세요. 아빠는 먼저 한쪽 다리를 쭉~ 펴서 한발 앞으로 내딛으세요. 아이는 아빠의 발등을 타고 몇 발자국 거닐면서 놀다가 부드러운 매트에 멈춰 서서 조심스레 아빠 몸을 타고 올라가기 시작합니다.

아빠의 쭉 뻗은 다리의 정강이를 시작으로 무릎, 허벅지, 배, 가슴, 어깨의 순서로 한 발 한 발 딛고 올라가기 시작합니다. 아이의 힘이 모자라면 조금씩 손을 잡어 들어올려 주세요. 한 발, 한 발 뗄 때마다 하나~ 둘~ 구령을 붙여주면 보다 신나게 놀이를 즐길 수 있답니다.

아이의 도전심리를 자극하면서 손과 발의 힘을 기르고, 신체 조절 능력과 운동능력을 발달시킵니다.

17. 스카프 춤

아이가 좋아하는 음악에 맞추어 스카프를 흔들며 춤을 춥니다. 스카프의 부드러운 촉감도 느껴보고, 후~ 불어 날려보기도 한다.

아이의 대 근육 발달과 눈과 손의 협응력 발달, 신체 표현력을 향상시켜요.

18. 병원놀이

병원에 갔던 경험을 이야기 나누어보고 청진기로 진찰하기, 주사 맞기, 약 먹기 등의 상황을 설정하여 역할놀이를 해봅니다. 아이의 의사표현과 사회성 발달에 도움이 됩니다.

19. 페트병 악기

빈 페트병의 병목 부분을 손에 쥐고 바닥을 두드려본다. 페트병 안에 쌀, 콩 등의 곡식을 넣어 두드려보고, 빈 페트병 소리와도 비교해본다.

신나는 동요곡에 맞추어 페트병 악기를 바닥에 두드리면 어린이 난타!

음감발달, 눈과 손의 협응력 발달

20. 신문지 놀이

신문지를 펴서 온 거실바닥을 메우는 놀이를 해본다. 다시 정리할 때는 신문지를 반으로 접어 모아오기로 유도한다.

신문지를 이용하여 중간이 끊어지지 않도록 길게 찢는 게임을 해보자. 아이는 끊어지지 않게 찢으려고 조심조심, 손가락을 이 모양, 저 모양 해가면서 신문지를 찢으려고 노력할 것이다. 소근육 발달과 눈과 손의 협응 능력이 발달 할 수 있다.

가까운 마당이나 놀이터에 나가 신문지를 배에 놓고 달리기 게임을 해보자. 달리면 맞은 편 바람의 압력 때문에 떨어지지 않는다. 목표물을 정해놓고 물표물 까지 신문지를 배에서 떨어뜨리지 않고 달려서 목표물에 빨리 도착하는 게임이다.

21. 카나페 요리하기

비스킷, 치즈, 잼, 방울토마토, 접시, 숟가락, 빵칼, 우유 등을 준비한다.

치즈는 1/4등분, 방울토마토는 1/2등분한다. 아이가 먹고 싶은 순서대로 비스킷 위에 치즈, 잼, 방울토마토 등을 올린다. 접시에 담아 우유와 함께 먹는다.

아이 스스로 만든 간식요리라 아주 뿌듯해하며 맛있게 먹는답니다.

22. 스타킹 줄다리기

아이와 스타킹 양끝을 각각잡고 '영차' '영차' 박자에 맞춰 스타킹을 당긴다.
엄마 아빠가 세게 당겨 아이가 품에 안기게 해보고, 아이가 이길 수 있도록 힘을 빼주기도 한다. 양팔의 대근육이 발달, 집중력이 향상됩니다.

23. 노래와 율동

'달팽이집' 노래에 따라 원을 점점 크게, 점점 작게 만들어본다. 이처럼 노랫말이 나오는 동요에 소리의 강약, 단어의 특징을 살려 율동을 만들어봅니다.

24. 내가 만든 퍼즐

읽지않는 헌 동화책을 찢어 뒷면에 두꺼운 종이를 붙인다.
가위를 이용하여 조각을 자르고 완성된 퍼즐을 맞춰봅니다.
놀잇감을 제작해보며 성취감을 경험 할 수 있다.

25. 쌀 보리 게임

4~5세 정도면 할 수 있는 쌀 보리 게임.

엄마 아빠는 손목을 붙힌 상태에서 양손을 동그랗게 말아 벌리고, 아이는 주먹을 쥐게 한 다음 아이가 '쌀'이라고 말하면 아이 손을 잡고, '보리'라고 하면 잡지 못합니다. 아이의 손을 잡거나 놓치면서 즐겁게 놀이할 수 있다.

끝까지 관찰하고 재빨리 움직여야 하는 놀이라서 민첩성과 집중력을 기를 수 있다.

26. 문질러 베끼기

울퉁불퉁 삭삭~ 문질러 베껴 봐요.
신문지를 바닥에 깔고 동전, 열쇠., 클립, 나뭇잎 등 흔히 구할 수 있는 물건들 중 표면이 우둘 두툴한 것에 흰 종이를 위에 대고 문질러 베껴봅니다.

엄마 아빠 아이가 순서를 정하여 같은 색깔별로 혹은 모양별로 차례를 정하여 놀이하다 보면 놀이를 자연스럽게 학습으로도 연결할 수 있답니다.

베껴진 여러 사물의 차이점을 발견하면서 집중력과 관찰능력을 기를 수 있어요.

27. 콕! 콕! 콕! 점잇기

커다란 2절 전지를 바닥에 활짝 펼쳐놓고 온가족이 엎드려 점잇기 놀이를 즐겨보세요. 먼저 전지에 임의대로 최대한 큰 점을 서너개 찍어놓고 놀이를 시작합니다.

아빠가 빨간색을 들고 점을 찍기 시작하면 엄마와 아이는 아빠가 찍는 점을 따라 선을 그어보세요. 점찍는 아빠는 위치를 요리조리 바꿔가며 속도도 변화를 주어 리드해 주세요. 아빠의 눈치를 보다가 점이 찍히는 순간 빨리 점을 잇기 위해 종이위로 미끄러지는 아이의 얼굴에 즐거움이 가득~!^^ 소근육 발달, 집중력이 생겨요.

28. 가족 몸 그리기

가족이 모두 큰 종이위에 올라 앉아 서로의 손과 발을 그려보세요. 아빠는 아이의 손을, 엄마는 아빠의 발을... 사이펜이 손과 발을 스칠 때 간질간질한 재미만점!

종이에 누워서 몸의 라인을 따라 그려봅니다. 울퉁불퉁 그렸어도 서로의 몸을 그려주면서 행복감과 함께 자신을 사랑하는 마음이 생긴답니다.

29. 가라 앉네 점점점

욕실에서 목욕시간에 할 수 있는 활동입니다.
물에 뜨는 나무 적목이나 장난감 배위에 조그만 장난감들을 하나씩 올려봅니다.

무거워 질수록 점점 가라앉는 모습을 보며 놀이로 연계합니다.
이번엔 여러 가지 사물을 가지고 차례로 물에 뜰까? 가라앉을까? 아이에게 질문을 해보고 하나씩 관찰해 보도록 합니다. 아이가 생각한 것이 맞을때 즐거워 해주시고, 틀렸더라도 재미있게 놀이로 연계해 줍니다.

30. 동화책 읽어주기

아빠와 엄마의 음성은 각각 아이에게 매력적입니다. 놀이시간 틈틈이, 혹은 잠자리에 들기전에 동화책을 읽어주세요. 아이들의 상상력, 창의력, 인지발달, 부모님과의 따뜻한 교감형성에 최고입니다. 요즘 아버지들은 아이가 뱃속에 있을때부터 동화책을 읽어준다지요?^^

♥ 행복한 가족의 비법~
함께 즐기는 '놀이'에 있습니다.

아이와의 일상생활을 놀이로 바꾼 부모님의 사례

아이의 잘못된 행동과 습관을 잔소리와 강제가 아닌 '놀이'로 바꿀 수 있습니다.

밥잘먹기 ⇒ 밥먹고 팔씨름 놀이

손씻기, 양치시간 ⇒ 세균맨 잡기 놀이

목욕시간 ⇒ 물놀이

양보하기 ⇒ 주고받기 놀이

인사하기 ⇒ 배꼽놀이

반찬골고루먹기 ⇒ 젓가락 놀이

정리정돈하기 ⇒ 누가누가 정리잘하나 놀이

잘못된 행동할 때 ⇒ 얼음! 땡! 놀이

♣ 아이와 일상생활에서 함께 즐겼던 놀이는 어떤 놀이였나요?

♣ 앞으로 아이와 함께 즐기고 싶은 놀이는?

제 6 장
포크댄스와 레크댄스

1. 포크댄스의 이해와 실제

포크댄스는 생활에서 일어나는 모든 것을 표현하는 활동이고 과거와 현재를 이어주며 세계인의 문화 속에서 움직이는 것이다. 한 마을에서 발생한 포크댄스가 나라 전체에 전파되기도 하고 때로는 세계의 춤으로 소개되기도 한다. 또한 포크댄스는 서민들의 춤에 그치지 않고 궁정무용이 되거나 향토색 짙은 캐릭터 댄스로 감상무용이 되었다. 시대를 뛰어넘어 16세기의 영국 춤이 지금 재현되기도 하고, 세계 각국의 고유한 춤을 출 때의 문화적 감정은 그 무엇보다도 특별하며 풍부하다. 과거와 현재, 미래를 연결할 뿐만 아니라 화합의 효과를 가지고 있다. 또 포크댄스는 혼합된 문화 속에서의 갈등을 해결하고 독특한 문화유산을 보존 할 수 있는 활동이라는 점에서 그 문화적 가치를 찾아 볼 수 있다.

1) 포크댄스 발생의 역사적 배경

춤은 인류가 지구상에 존재하면서부터 시작되었으며 원시인들은 그들의 기본적 욕구 충족에 필요한 의식으로 춤을 추었다. 이들에게는 생활 그 자체가 춤–시제활동–이었으며 식량과 건강, 힘, 전쟁의 승리 같은 기쁨을 춤으로써 표현하였다.

포크댄스 발생의 역사적 배경을 좀 더 구체적으로 알려면 고대문명국의 무용을 살펴볼 필요가 있다. 실제적으로 무용의 기록을 찾아볼 수 있는 것은 4,000년간 계속되었던 고대 문명국가 이집트의 벽화, 조각, 상형문자의 문헌 등을 통해서이다. BC5000년경 나일강 하류를 중심으로 이룩된 이집트는 그 문화가 복합적이었으며 종이의 사용과 베짜는 법을 처음으로 시작했을 뿐 아니라 천문학, 기하학, 조각, 건축, 토목학도 상당히 발달 되어 있다. 무용에는 까다로운 예배형식에 맞춘 종교무용과 줄거리가 있는 무극무용(Pantomimic dance)이 있는가 하면 대중과 궁중 오락의 한 방법으로도 추어졌다.

이렇게 교회가 일찍부터 무용을 오락시하여 금지시키는데 성공하였지만 무용가, 시인, 음악가 같은 연예인들은 시골을 유랑하면서 공연하였다. 민중들, 특히 농민들은 공연 목적 외에 생활의 화합과 즐거움을 표현하기 위하여 춤을 추게 되었는데 이것이 바로 포크댄스의 기원이 되었다. 즉 포크댄스는 누구에 의하여 의도적으로 만들어진 춤이 아닌, 생활 속에서 자연 발생하여 수백 년간 내려온 한 나라와 지방의 풍속, 습관 기후와 같은 민족문화가 담긴 춤이다.

농민들의 소박하고 솔직하며 때로는 난폭하기까지 한 포크댄스는 귀족들에 의하여 훨씬 세련되고 우아한 형태로 추어지면서 궁정무용(Court dance)이 되었다. 19세기에 와서 궁정무용은 점차 민간으로 흘러나와서 사교춤(Social dance)이 되었다. 이탈리아의 파반느(Pavanne), 영국의 릴(Reel)과 지그(Jig), 프랑스의 메뉴엣(Menuet), 스페인의 사라반드(Saraband) 등은 민족의 특색을 나타내는 구성, 기교, 음악, 의상을 갖추고 강렬한 향토색을 지닌 예술성 풍부한 무대무용인 캐릭터댄스(Character dance) 로 발전하였다.

2) 포크댄스의 특성

포크댄스는 중세의 암흑시대에 유럽 농민 사이에서 자연 발생 한 춤으로서 그 대부분이 민요와 관련이 있고 민족과 지방의 특색이 나타나 있다. 포크댄스가 성립될 수 있는 조건으로는 지역과 주민의 전승력 및 전승될 수 있는 환경을 들 수 있다.

춤을 공개적으로 출 수 없었던 시대적 배경 아래 발생한 포크댄스는 그 움직임이 간단하고 순박하며 생활과 가장 밀접한 동작으로 구성되어 있다. 동작의 단순함에 비하여 민족의 아름다운 민요가 춤을 더욱 흥겹게 한다. 많은 사람들은 춤과 함께 음악을 즐기는 기회를 갖게 된다.

무용의 분류로는 오락무용에 속하며 여러 사람들이 모여서 추는 군무가 대부분이고 대형은 원형이 주를 이루며 라인대형, 열형대형, 스퀘어대형 등이 있다.

포크댄스는 각 지역과 민족, 기후와 풍토, 풍속, 습관, 종교 등 생활문화가 그대로 이어지는 독특한 움직임을 가지고 있다. 수백 년간 한 지역에서 발생한 춤이 그대로 그 지역에 머무는가 하면 나라 전체로 전파되기도 하고 때로는 전 세계의 춤으로 소개되기도 한다. 한 지역에서 세계로 전파되는 동안 춤의 원형이 그대로 유지되기 어려운 점이 있으나 각 민족들과의 문화 동질성이 발견되고 있으며, 춤의 특성 또한 그대로 남아 있다.

손을 잡는 방법에서도 여러 가지 차이점이 있어서 손 전체를 잡는 춤이 있는가 하며, 손가락만 잡는 춤이 있고 또 왼발만으로 뛰는 춤, 상체를 전혀 움직이지 않는 춤, 손가락만을 사용하는 춤 등 그 움직임의 특성이 다양하다.

이것이 바로 포크댄스의 특성이라고 할 수 있으며 이 특성에 관한 연구는 지구상의 다른 모든 문화를 이해하는데 가장 좋은 방법이라고 할 수 있다.

3) 포크댄스의 문화적 가치

포크댄스는 한 나라와 지방의 문화가 그대로 담겨져 내려오는 춤이다. 문화라는 용어는 원래 라틴어의 'cultura'에서 파생한 'culture'를 번역한 것이며 나중에 교양, 예술 등의 뜻을 가지게 되었다. 일반적으로 구미풍의 요소나 현대적 편리성 혹은 높은 교양과 같은 지식, 세련된 생활, 우아함, 예술풍의 요소, 인류의 가치적 소산으로서 철학, 종교, 예술, 과학 등을 가르친다. 그러나 문화인류학에서는 미개와 문명을 가리지 않고 모든 인류가 문화를 소유하며 인류만이 문화를 가진다고 생각한다. 이러한 입장에서 문화란 인류에서만 볼 수 있는 사유와 행동의 양식 중에서, 유전에 의하는 것이 아니라 학습에 의해서 소속하는 사회로부터 습득하고 전달받는 것 전체를 포괄적으로 총칭하는 것이다.

4) 포크댄스의 교육적 가치

무용은 리드미컬한 신체의 움직임을 통한 자신의 표현 활동이고 포크댄스는 가장 오래된 의사 전달의 한 형태라고 할 수 있다. 이 포크댄스는 가장 전통적인 리듬과 움직임으로 구성되어 있으며, 선조들의 문화적 유산을 실제로 접할 수 있고 각 나라의 춤을 추고 있는 동안 개인은 물론 각 국가의 문화적 이질감을 뛰어넘을 수 있다.

중세 유럽에서 자연 발생한 이 춤에는 미국, 일본, 이스라엘과 대만 등 동·서양을 막론하고 많은 사람들이 참가하고 있다. 우리나라에 포크댄스가 소개된 것은 1930년경 이었으며 해방 이후 지금까지 학교 체육교육 과정으로는 물론 근래에는 사회체육 활동의 한 부분으로 행해지고 있다.

이러한 포크댄스의 교육적 효과를 살펴보면 신체적, 사회적, 심리적인 가치를 들 수 있다. 포크댄스의 다양한 움직임은 우아하고 세련된 자세를 유지하게 하며 리듬감과 협응력, 평형감, 등 생활에 필요한 기초체력을 향상시키는데 이것이 신체적 가치이다. 사회적 가치로는 대부분의 포크댄스가 여러 사람이 함께 하는 단체 활동이므로 타인과의 화합을 도모하고 예의를 배우며 건전하고 밝은 이성간 교제 및 세대 간 이해를 도울 수 있다는 것을 들 수 있다. 또한 수많은 종류의 포크댄스는 움직임의 새로운 경험을 통하여 성취감을 느끼고 무용의 종류에 따라 정서적 안정감과 생활의 활력을 느낄 수 있게 하는 심리적 가치가 있다.

포크댄스에 참가하는 사람들이 가질 수 있는 이러한 세 가지 효과 외에도 포크댄스는 민속학자, 인류학자 그리고 사학자의 연구 대상이 된다. 생활이란 살아있는 사람들이 주체가 되고, 살아 있다는 것은 항상 움직이고 있는 것을 의미한다. 포크댄스는 그러한 사람들의 움직임이 그대로 전해지는 춤이기 때문에 여러 분야 학자들의 관심을 끄는 것은 당연한 일이다. 이러한 의미에서 포크댄스는 연구할 수 있는 광범위한 재료를 가지고 있고 오직 신체활동 그 자체로서 그치기 쉬운 다른 스포츠와 달리 교육적 가치가 높다고 하겠다.

♬ 포크댄스 1

Kinder Polka: 도이취

도이취에서 전해진 가장 쉬운 포크댄스의 일종이다. 17세기 병사들에 의해 유럽 전국에 유포된 Finger Dance이다. 초보자를 위한 포크댄스로서 적합한 재료이며, 바이에른 지방에서는 유치원에서 댄스시간에 추어지고 있다.

• MUSIC: 4/4박자, 전주 16박자. 1회의 춤 64박자, 전곡으로 6회 출 수 있다.

• FORMATION: Single Circle
남자는 LOD(댄스대형)에 향하고 여자는 역LOD로 향해서 파트너와 양손을 옆으로 뻗어 잡는다.

• Step: Step · closed, Stamp, Running Step

• METHOD:

Fig 1: [32] – 원 안과 밖으로 Step · Closed 와 Stamp –

가) (8): 남녀 같이 안쪽발(남자 왼발, 여자 오른발)로 Step · Closed(2)로 원 안으로 들어가고(2), 안쪽발부터 그 자리에서 Stamp 3회하고 1박자 쉰다(4)

나) (8): 남녀 같이 바깥발부터 가)를 반복해서 원 밖으로 나온다.

다) (16): 이상 가)와 나)를 반복한다.

Fig 2: [16] – 손뼉치기 –

라) (8): 각자 허리 굽혀 양손으로 무릎 한번 치고(2), 몸을 일으켜 자기 가슴 앞에서 손뼉 한번 치고(2), 파트너와 손뼉 3번 치고 (3), 1박자 쉰다.

마) (8): 라)의 동작을 다시 한번 더 반복한다.

Fig 3: [16] – 손가락 부딪히기와 파트너 체인지 –

바) (8): 각자 검지로 파트너를 향해서 3회 흔들고 동시에 오른발 뒤꿈치를 앞에 내고(3), 1박자 쉰다(1). 이어서 왼발로 Hop와 동시에 손발을 바꾸어서 위 동작을 한다.(4)

사) (8): 남녀같이 왼발부터 Running Step 4보로 파트너와 오른쪽 어깨 스쳐 지나가서(4). 새로운 파트너와 마주보고 왼발부터 그 자리에서 Stamp 3회하고 1박자 쉰다.

Kinder Polka 기본동작

1. 원 만들고 두명씩 마주본다.

2. 무릎 치기

3. 자기 손뼉 한번치기

4. 양 손 3번 마주치기

5. 검지로 칼싸움

6. 엘보하고 파트너바꾸기

♬ 포크댄스 2

Spinning Waltz : 핀랜드

• MUSIC : 3/4 박자, 전주 12박자, 1회의 춤 48박자
전곡으로 8회 출 수 있다.

• FORMATION : Double Circle
남자는 안쪽 여자 바깥쪽에서 Partner와 마주보고 서서 양 손을 잡는다.

• STEP : Step Swing, Sliding, Waltz Turn

• METHOD :

Fig 1 : 〔24〕 – Step·Swing and Under·Arm·Turn –

① ⑿ : 남녀 마주보고 양손 잡고 남자 왼발 여자 오른발 LOD에 Side하고 반대발로 Bias Swing(3), 역 LOD로 반복하고(3), LOD로 Side Balance해서 여자를 Spin시킨다(6).

② ⑿ : ①을 역 LOD로 반복하고 Spin을 남자가 한다.

Fig 2 : 〔24〕 – Throw Step and Waltz Turn –

③ ⑿ : Closed Position으로 LOD에 Throw Step 2회하고(6),
역 LOD에 Throw Step 2회 한다(6).

④ ⑿ : Waltz Turn으로 나가다가
맨 끝에 여자만 Spin해서 Change Partner한다.

♬ 포크댄스 3

Oh! Susanna : 아메리카

- MUSIC : 2/4박자, 전주 8박자, 1회의 춤 160박자, 전곡으로 2회 출 수 있다.
- FORMATION : Square(4 Couple) STEP : Walking, Gallopping
- METHOD :

Fig 1 : 〔32〕 – Gallop and Back to Back –

① ⒃ : 1st와 3rd는 Gallopping으로 남자 등을 스쳐서 서로 자리를 바꿨다가(8)
다시 여자 등을 스쳐 제자리에 돌아 온다(8).

② ⒃ : ①를 2nd과 4th가 한다.

Fig 2 : 〔32〕 – Ladies Change –

③ ⒃ : 1st와 3rd가 중앙으로 Gallopping으로 4보 나가서 여자를 바꿔(4)
다시 제자리에 돌아 온다(4). 같은 요령으로 다시 여자를 바꿔 돌아 온다(8).

④ ⒃ : 2nd와 4th가 ③을 한다.

Fig 3 : 〔32〕 – Ladies Chain –

⑤ ⒃ : 1st와 3rd의 여자 끼리 오른손을 잡고 자리를 바꾼다(8).
4보 걸어가서 남자와 Back Hold Position으로 C·W
위 동작을 같은 요령으로 다시 해서 제자리에 돌아 온다(8).

⑥ ⒃ : ⑤의 동작을 2nd와 4th가 한다.

Fig 4 : 〔32〕 – Grand Chain –

⑦ ⒃ : Grand Chain한다. 남자는 LOD로 나가면서 오른손 – 왼손 순으로
여자는 역 LOD로 오른손 – 왼손 순으로 나간다.

⑧ ⒃ : Corner와 왼손 잡고 S·W로 한 바퀴 돌아와서(8),
Owner와 오른팔 걸고 Elbow Swing한다.

Fig 5 : 〔16〕 – Buzz Turn and Promenade –

⑨ ⒃ : 여자들만 원 안으로 갔다가(4) 오른쪽으로 돌아서 다음 Partner쪽으로 가
서 새로운 남자와 Holding(4)해서 Buzz Turn한다(8).

⑩ ⒃ : Promenade Position으로 LOD 방향으로 크게 한 바퀴 돌아 온다.

♬ 포크댄스 4

American Patrol : 아메리카

원래는 American Promenade로 알려져 왔으나 곡의 구성이 행진곡의 접속(March Serie)으로 되어 있는데 그중 Patrol이란 곡이 주가 되어 있어 American Patrol이라고 부르게 되었다. 각종 모임의 첫 시작 춤으로 분위기를 조성하는데 적합하다. 뒷걸음(후진)부분이 LOD를 분간하는데 초보자에게는 약간 어려움이 따른다.

- MUSIC : 4/4 박자, 전주 8박자, 1회의 춤 32박자
- FORMATION : Double Circle(LOD를 향하여 남자 안쪽, 여자 바깥쪽)
- STEP : Walking, Side Balance
- METHOD :

Fig 1 : 〔16〕 – LOD에 전진과 후퇴 –

① (8) : 남녀 안손 잡고 바깥 발부터 4보 걸어 나가다가 안쪽으로 돌아서
(In Side Round) 뒷걸음 4보로 LOD에 나간다.

② (8) : 역 LOD를 향하여 ①을 반복한다.

Fig 2 : 〔16〕 – In Side와 Out Side에 Balance –

③ (8) : 남자 왼발 여자 오른발로 바깥쪽으로 Balance(2),
남자 오른발 여자 왼발로 안쪽으로 Balance(2)하고,
남자가 오른쪽의 여자를 자기 왼쪽으로 잡아 당겨 자리를 바꾼다(4).

④ (8) : ③의 동작을 반대로 하고 즉 Balance를 바깥쪽–안쪽으로 하고
다시 자리를 바꾸어 여자를 제자리에 옮기면서 남자만 앞으로(LOD)
나가 Change Partner한다.

♬ 포크댄스 5

Misirlou : 그리스

- MUSIC : 3/4 박자, 전주 8박자, 1회의 춤 16박자
- FORMATION : Open Circle (전원이 원심을 향하여 W자형으로 손잡되 어깨보다 약간 낮게 새끼 손가락을 연결한다.)
- STEP : Toe Point, Walk, Pivot
- METHOD :

Fig 1 : 〔8〕 – Side Step Toe Point –

오른발을 오른쪽에 좁게 Step(2), 왼발을 오른발 앞에 Toe Point(2), 왼발을 오른발 뒤에 Step(1), 오른발을 오른쪽에 좁게 Step(1), 왼발을 오른발 앞에 Cross-Step (1), 그 왼발 Ball로 오른쪽으로 Pivot해서 LOD를 향하고 오른발을 마루에서 띄워서 왼발의 Pivot에 따라 Round한다(1).

Fig 2 : 〔8〕 – LOD에 전진과 후퇴 –

LOD에 오른발부터 작게 3보 전진(3), 3보째 오른발 뒤꿈치를 올리면서 왼발을 마루에서 띄워 왼발 끝에 오른발 복숭아뼈 근처에 머문다(1).
올라가 있는 왼발부터 LOD쪽으로 3보 후퇴하고(3), 3보째의 왼발 뒤꿈치를 들어올려 오른발을 마루에서 띄어서 오른쪽으로 돌아 원심을 향한다(1).

참고 1. Fig 2를 역 LOD쪽으로 하는 방법도 있다.
2. 새끼 손가락으로 연결이 어려우면 보통과 같이 손잡아 연결해도 무방하다.

♬ 포크댄스 6

Oslo Waltz : 잉글랜드

Waltz Mixer의 일종으로 옛날부터 잉글랜드 및 스코틀랜드 지방에 전해 내려온 즐거운 춤이다. 이 춤이 노르웨이 수도 오슬로의 이름을 딴 것으로 미루어 다분히 이 춤의 한 부분에 옛 노르웨이 민요가 섞여 있는 것으로 생각 된다. 유럽의 많은 나라에서는 Folk Dance 모임의 끝에 이별의 춤으로 흔히 이용되고 있다.

- MUSIC : 3/4박자, 전주 24박자, 1회의 춤 96박자, 전곡 4회 출 수 있다.
- FORMATION : Single Circle
  남자는 Partner를 오른쪽으로 하고
  전원 원심을 향하여 손은 어깨 높이에서 잡는다.
- STEP : Waltz Balance, Waltz Turn, Balance Step
- METHOD : Fig 1 : 〔48〕 – Waltz Balance와 여자 이동 –

① ⑿ : 남자 왼발 여자 오른발부터 Step·Swing해서(6),
남자는 Corner Partner를 LOD에 넘겨 준다(6).

② (36) : ①의 동작을 3회 더 반복하고 네 번째 만난 Partner와 마주보고 선다.
(Single Circle). 남자는 LOD를 향하고 여자는 역 LOD를 향하게 한다.

※ Waltz Balance는 초급자는 Two Step Balance로 하고
중급 이상은 One Step Balance로 하는 것이 더 좋다.

Fig 2 : 〔24〕 – Side Balance and Spin Turn –

③ ⑿ : Side Balance를 원 안쪽으로(In Side)(3),
원 바깥쪽으로(Out Side)(3)하고, 이어서 안쪽으로 Balance(In Side)하면서 남자는 여자를 Spin 시키고(3), 다시 안쪽으로(In Side) Balance한다.

④ ⑿ : ③의 동작을 같은 요령으로 바깥쪽에 반복한다.
즉 Out Side – In Side – Out Side(여자 Spin) – 다시 Out Side한다.

Fig 3 : 〔16〕 – Step Closed and Waltz Turn –

⑤ ⑿ : Step–Closed 2회로 원 안쪽으로 들어 갔다가(6)
Step–Closed 2회로 원 밖으로 나온다(6).

⑥ ⑿ : Closed Postion으로 Waltz Turn하면서 LOD로 나가다가
끝에 가서 여자만 Spin시켜 Open해서 맨 처음 자세가 된다.

♬ 포크댄스 7

Korobushka : 러시아

- Music : 2/4박자. 384 = 48 * 8
- Formation : Double Circle

Fig 1 ; [16 = 8 * 2] --- Hungarian Break

(8) ; Hungarian Break 남자 앞, 여자 뒤부터 한다.
/* 남자 오른발부터 전진 Step-S-S-Hop
앞, 옆 Point Closed - Stamp */

(8) ; 을 반대로 한다. (남자 뒤, 여자 앞으로)

Fig 2 ; [16 = 8 * 2] --- Three Step - Turn

(8) ; Three Step - Turn (오른쪽 - 왼쪽)

(8) ; 의 동작을 반복한다.

Fig 3 ; [16 = 8 * 2] --- Step Stamp

(8) ; Step - Stamp
(남자 오른쪽 올리고 그 밑을 여자가 꿔어서 자리 바꾼다.)
/* 서로 오른손 잡고 전진 후퇴 Balance하고 자리바꿈 */

(8) ; 의 동작을 반복해서 다시 제자리에 돌아오면서
Change Partner한다.

2. 레크리에이션 댄스의 이해와 실제

1) 레크리에이션 댄스의 정의

레크리에이션 댄스를 단순하게 정의한다면 레크리에이션의 목적을 달성하기 위한 춤이라고 생각하면 된다. 레크리에이션 댄스는 레크리에이션의 범위를 벗어나서는 존재할 수 없으며, 단순히 웃고 즐기는 수단보다는 심신이 단련되고 협동과 친교가 이루어져 기분전환으로 새로운 분위기를 창조하여 발전의 계기가 형성될 때 참다운 진가를 발휘하게 되는 것이다.

레크리에이션 댄스는 고도의 전문성을 요구하거나 특정인을 위한 제한된 활동이 아니고, 레크리에이션 목적 달성을 위하여 우리 주변의 전형적인 여러 가지 춤과 활동에 바탕을 두고 언제나, 어디서나, 누구나 쉽고 즐겁게 활용할 수 있도록 자유롭게 응용 구성된 춤이다.

2) 레크리에이션 댄스의 구성

레크리에이션 댄스는 그 활용목적 또는 방법에 따라 동작 구성 유형을 '단순구성', '복합구성', '종합구성'의 세 가지로 분류하여 구성함이 이상적이다.

(1) 단순구성

단순한 동작 및 가지가 연결된 놀이 성격을 띈 분위기 조성의 단순율동으로 음악을 사용해도 좋고 음악 없이 직접 노래를 부르거나 대사를 삽입, 활용하는 방법으로 동작의 정확성이나 잘잘못보다는 움직임의 동기 유발과 흥미, 친교 등 즉흥적인 분위기 조성을 위한 구성방법이다.

(2) 복합구성

일정한 박자 단위로 동작을 형성하고 다시 형성된 동작 및 가지를 복합시켜 하나의 연결된 과정으로 독립 반복하는 것으로 음악은 필요하나 지정된 것이 아니고 비슷한 리듬이나 템포의 곡을 다양하게 선택, 활용할 수 있으므로 노력을 적게 하고 쉽게 즐길 수 있는 구성방법이다.

(3) 종합구성

음악을 반드시 필요로 하며 일정한 음악을 선정하고 그 음악의 내용이나 감정에 어울리도록 처음부터 끝까지 다양하게 동작을 구성하는 방법으로 경우에 따라서는 반복, 중복도 가능하다. 참여하는 즐거움과 보는 즐거움의 효과를 동시에 얻을 수 있으나 동작을 익히기 위해서는 일정한 시간이 필요하며 때와 장소, 음악, 대상의 선정 등 필요로 하는 조건이 구비될 때 더욱 더 효과적이다.

3) 지도시의 유의점

(1) 지도자라는 거리감 있는 자세보다는 못하는 사람도 할 수 있도록 인도하는 안내자의 입장에서 최선을 다해야 한다.
(2) 호루라기를 자주 사용 한다던가 지시하고 감독하는 식의 강압적인 방법보다는 자연스럽게 모이고 일어서서 어울리는 것에서부터 동작의 연결 등 제반내용을 진행해야 한다.
(3) 지도자의 실력을 과시하는 것과 같은 방법보다는 따라하는 사람들의 입장에서 지도해야 한다.
(4) 신체의 한 부분만 움직이는 단순하고 쉬운 것을 먼저 지도한 다음에 반응에 따라 정도를 높여 나가야 한다.
(5) 많은 동작으로 구성된 긴 안무를 그룹으로 나누어서 지도하는 것이 효과적이다.
(6) 복잡한 구성은 분리해서 지도한 다음 복합시켜 지도하는 것이 효과적이다.
(7) 유머, 표정, 제스츄어 등이 인색해서는 안 된다.
(8) 틀리거나 동작이 미흡한 사람을 개별적으로 지적하지 말아야 한다.
(9) 간단하고 쉬운 것이라도 충분히 익히고 지도한다.

4) 레크리에이션 댄스의 목적

어린아이에서 노인에 이르기까지 누구나가 쉽게 활용하고 배울 수 있는 레크리에이션 댄스는 레크리에이션의 목적을 달성하기 위해 생겨난 것임과 동시에 이를 통해 자기의 개성을 살리고 더욱 풍부한 감상과 표현력을 갖게 해주며 신체를 단련하고 집단간의 단합과 친교를 이루어 정신적, 육체적으로 건강한 생활을 영위하는데 그 목적을 두고 있다.

- 쉽고 즐거운 동작을 적극적으로 표현함으로 자신감이 넘치게 하며 삶의 활력을 갖게 한다.
- 간단한 스킨쉽과 유희를 통해 집단 간의 친밀감을 조성한다.
- 댄스를 통한 신체활동으로 신체 및 심리적인 건강을 유지할 수 있다.
- 댄스라는 적극적인 매개체를 통해 사회활동에 참여할 수 있게 하며 자신의 역할을 발견하게 함으로써 폐쇄적인 생활을 방지한다.

♬ 레크레이션 댄스 1

안녕하세요

"안녕하세요" - 누구시더라" - "OOO입니다" - "반갑습니다"

우리 일상생활에서 주고받는 대화와 단순한 동작을 율동화한 놀이 형식의 레크댄스로서 분위기조성과 동참의 동기유발을 위하여 쉽고 코믹하게 구성하였으며 음악을 사용해도 좋고 음악 없이 활동할 수 도 있다.

- 음악: 4/4박자의 경쾌하고 흥겨운 리듬
- 대형: 2인 대면 자유형

1) 안녕하세요(4박자)

둘이 마주보고 무릎반동과 함께 악수3번하고 1박자 쉬며 "안녕하세요" 라고 한다.

2) 누구시더라?(4박자)

두 팔을 펭귄새 처럼 하고 머리와 함께 허리를 오른쪽-왼쪽-오른쪽 흔들고 1박자 쉬며 "누구시더라" 한다.

3) OOO입니다(4박자)

양손 엄지를 밖으로 내밀며 동시에 두 다리를 삐에로 처럼 반동을 주어 벌리고 1박자 쉬며 "OOO입니다" 말을 한다.

4) 반갑습니다(4박자)

무릎 한번- 자기손뼉 한번 치고- 서로 양손을 마주치며 "반갑습니다" 말을한다.

5) 팔끼고 돌기(8박자)

서로 오른팔을 끼고 오른쪽으로 한바퀴 돈다. -랄라 랄라 랄라~ 랄라 랄라 랄라~

6) 짝 바꾸기(8박자)

손뼉을 8번 치며 새로운 사람과 만난다.(partner change)

♬ 레크레이션 댄스 2

반갑습니다

- MUSIC : 4/4박자
- FORMATION : 자유대형
- METHOD :

기본[8] – One Step and Zigzag
오른발 오른쪽으로(1) – 왼발 오른발 뒤에(2) – 오른발 오른쪽으로(3) – 뛰면서 박수(4) – 왼발부터 반대로 반복

Fig 1(1절)

1) 기본 + One Step Two Count 앞으로 오른발부터 하나– 둘– 셋– 넷
2) 기본 + 1)을 뒤로 반복

Fig 2(2절)

1) 기본 + 오른발부터 One Step 앞으로 하나, 둘, 셋, 넷에 손들며 함성(얍!)
2) 기본 + 오른발부터 One Step 뒤로 하나, 둘, 셋, 넷에 손들며 함성(얍!)

Fig 3(3절)

1) 기본 + Diamond step 1회 (오른발부터 One Step Two Count ◇)
2) 기본 + Diamond step 2회 (오른발부터 One Step Two Count ◇)

Fig 4(4절)

1) 기본 + 한손은 말고삐를 잡은 것처럼 손을 쥐고 한손은 머리위에서 줄을 둥글 크게 돌리듯 하며 앞으로 전진 4스텝.
2) 기본 + 손을 위에서 아래로 내리면서 뒤로 후진 하나– 둘– 셋– 넷

- 전주: Two step으로 오른쪽으로 돌고 왼쪽으로 돌고 제자리에서 박수치기

♬ 레크레이션 댄스 3

D · J DOC와 춤을

- Kinder Polka 응용곡 -

- MUSIC : 4/4박자, 전주 16박자. 1회의 춤 64박자, 전곡으로 6회 출 수 있다.
- FORMATION : Single Circle
  남자는 LOD(댄스대형)에 향하고 여자는 역LOD로 향해서
  파트너와 양손을 옆으로 뻗어 잡는다.
- Step : Step · closed, Stamp, Running Step
- METHOD:

Fig 1: [32] - 원 안과 밖으로 Step · Closed 와 Stamp -

가) (8): 남녀 같이 안쪽발(남자 왼발, 여자 오른발)로 Step · Closed(2)로 원 안으로 들어가고(2), 안쪽발부터 그 자리에서 Stamp 3회하고 1박자 쉰다(4)

나) (8): 남녀 같이 바깥발부터 가)를 반복해서 원 밖으로 나온다.

다) (16): 이상 가)와 나)를 반복한다.

Fig 2: [16] - 손뼉치기, 가위 바위 보 승부 -

라) (8): 각자 허리 굽혀 양손으로 무릎 한번 치고(2), 몸을 일으켜 자기 가슴 앞에서 손뼉 한번 치고(2), 파트너와 손뼉 3번 치고 (3), 1박자 쉰다.

마) (8): 파트너와 왼손은 마주잡고 오른손은 가위 바위 보로 승부 낸다.

Fig 3: [16] - 안마 해주기와 파트너 체인지 -

바) (8): 이긴 사람은 뒷짐을 지고, 진 사람은 마주보고 있는 상태에서 이긴 사람의 어깨를 8번 주무른다.

사) (8): 오른 손을 들어 바이바이 하듯이 흔들며, 각자 자기가 바라보고 있는 방향으로 각자 한 칸씩 이동하여 파트너 체인지

♬ 레크레이션 댄스 4

티 뷰 론 (라인댄스)

음악활용 : 쿵따리샤바라, 티뷰론
빗속의 여인, 새싹들이다

1) 제자리에서 오른발 오른쪽에 하나 오른발을 왼발과 붙이면서 둘 (반복:3–4)
   제자리에서 왼발로 반복 (5–8)

2) 오른쪽으로 오른발 왼발 오른발 왼발을 붙이면서 박수 (1–4)
   왼쪽으로 왼발부터 반복(5–8)

3) 오른발을 앞에 두 번(Tab) 뒤에 두 번(1–4), 앞에 한번 뒤에 한번(5–6)
   오른쪽으로 방향을 바꾸면서 오른발(7), 왼발을 옆으로 뻗으면서 (8)

4) 왼발을 오른발 앞에 Step(1) 오른발을 오른쪽에 뻗으면서 Point(1)
   오른발부터 한 번 더 반복(3–4)
   제자리 세 번 걷기(5–7) 제자리에서 Jump 하면서 박수(8)

·· 처음부터 반복 시계방향으로 돌면서 다함께 춤을 춘다.

☆ 주의사항 손은 허리 밑으로 내려가면 안된다.

♬ 레크레이션 댄스 5

코 리 아

전 주 :

양손을 아래에서 가슴쪽으로 올리면서(8박자)
양손을 앞으로 내밀면서 (8박자)
양손을 하늘로 올리면서 (8박자)
양손을 좌우로 펼치면서 내려온다(8박자)
나머지 전주 부분은 손을 턴다

기본 박수 (무릎 2번, 박수 2번)

1) 기본 + 나물 캐러가고 (양손을 가슴 앞에서 좌우로 흔들기)
2) 기본 + 종달새가 날으고 (양손을 머리 위로 올려서 좌우로 흔들기)
3) 기본 + 올챙이가 춤추고 (좌우로 올챙이춤 추기)
4) 기본 + 안녕하세요 두 번 (손을 흔들며 옆사람에게 인사하기)
5) 1)부터 4)까지 한 번 더 반복한다.

후렴 : 꿈의 나라 코리아 ~

(전체 어깨동무하고)
1) 오른쪽 가운데
2) 왼쪽 가운데
3) 앞으로 가운데
4) 뒤로 하면서 함성을 크게 지른다.

♬ 레크레이션 댄스 6

징 글 벨

- Music : 4/4박자. 총박자수 320
- Formation : Single Circle

Fig 1 ; [32] --- Heel and Toe

① (16) ; 원심을 향하여 Forward and Backward
흰눈사이로 썰매를 타고 오!
(일곱 번 걸어가서 두발을 모으고 뛰면서 오! 하고 외친다)
달리는 기분 상쾌도 하다 오!
(뒤로 일곱 번 걸어가서 두발을 모으고 뛰면서 오! 하고 외친다)

② (16) ; Circle Left and Right
종이울려서 장단맞추니 흥겨워서 소리맞춰 노래부르자 헤이!
(오른발로 힐 토 힐 토 하고 옆으로 옆으로 네발을 간다 – 반대로 한번 더)
(이 때 Step은 Heel and Toe – Slide)

Fig 2 ; [32] --- Clap and Both Swing

(파트너와 마주 보고 오른손 세 번 왼손 세 번 마주치고)
(세 번 양손 부딪치고 손뼉한번치고 양손을 들면서 야! 하고 외친다)

③ (8) ; 종소리 울려라 종소리 울려
Partner와 마주 보고 Clap
(오른 손 – 왼 손 – 양손 – 무릎 – 가슴)

④ (8) ; 우리 썰매 빨리 달려 종소리 울려라
Partner와 Closed Position으로 Both Swing

⑤ (16) ; 종소리 울려라 종소리 울려 기쁜 노래 부르면서 빨리 달리자
Corner와 마주 보고 ③,④의 동작 반복하여 Corner의 여자와 새로운 Partner가 된다.

♬ 레크레이션 댄스 7

루돌프 사슴코

(원곡 : Kinder Polka : 도이취)

- MUSIC : 4/4박자
- FORMATION : Single Circle (일열원 두명씩 마주 보기)
  남자 LOD에 향하고(시계방향) 여자 역 LOD에 향해서(시계 반대방향) Partner와 양손을 옆으로 뻗어 잡는다.
- STEP : Step · closed, Stamp, Running Step
- METHOD :

Fig 1 : 〔32〕 – 원 안과 밖으로 Step · Closed와 Stamp –

루돌프 사슴코는 매우 반짝이는 코
만일 내가 봤다면 불붙는다 했겠지

① (8) : 남녀 같이 안쪽발(남자 왼발, 여자 오른발)로 Step · Closed(2)로 원안으로 들어가고(2), 안쪽발부터 그 자리에서 Stamp 3회하고 1박자 쉰다(4).

② (8) : 남녀 같이 바깥발부터 ①을 반복해서 원 밖으로 나온다.

③ (16) : 이상 ①과 ②를 반복한다.

Fig 2 : 〔16〕 – 무릎 – 손뼉 – 손뼉 마주치기 –

다른 모든 사슴들 놀려대며 웃었네

④ (8) : 각자 허리 굽혀 양손으로 무릎 한번 치고(2), 몸을 일으켜 자기 가슴 앞에서 손뼉 한번 치고 (2), Partner와 손뼉 3번 치고 (3), 1박자 쉰다.

⑤ (8) : ④의 동작을 다시 한번 더 반복한다.

Fig 3 : 〔16〕 – 손가락 가리키기와 Partner Change –

가엾은 저 루돌프 외톨이가 되었네

⑥ (8) : 각지 인지로 Partner를 향해서 3회 흔들고 동시에 오른발 뒤꿈치를 앞에 내고 (3), 1박자 쉰다(1). 이어서 왼발로 Hop와 동시에 손발을 바꾸어 서 위 동작을 한다.(4)

⑦ (8) : 남녀 같이 왼발부터 Running Step 4보로 Partner와 오른어깨 스쳐 지나가서 (4). 새로운 Partner와 마주보고 왼발부터 자리에서 Stamp 3회하고 1박자 쉰다.

** 처음부터 동작을 반복(어린이와 할 때는 파트너를 바꾸지 않고 진행)

♬ 레크레이션 댄스 8

탄 일 종

(원곡 Patticake Polka : 아메리카)
(4/4 박자 노래 : 월드컵송이나 발로차에 맞추어 춤추기)

영국 계통의 춤이다. Patty는 프랑스어 만두와 같은 작은 파이를 말하는 것이었다. 영국에서는 Pata Caka란 동요를 부르면서 어른이 아이들의 양손을 잡고 손뼉을 친다던가 무릎을 치면서 달래기도 한다.

이런 동작들을 춤에 섞어 넣은 것이 Play Party-Game의 일종이다.

- MUSIC : 2/4 박자, 전주 8박자, 1회의 춤 32박자
- FORMATION : Double Circle
- STEP : Heel and, Toe Slide, Skip
- METHOD :

Fig 1 : 〔16〕 – Heel and Toe · Slide –

탄일종이 땡땡땡 은은하게 들린다

① (8) : 남녀 마주보고 양손 잡고 남자 왼발 여자 오른발로 LOD에 Heel and Toe (4)하고, Sliding Step(Side) 4보로 LOD에 옆으로 나간다(4).
(시계방향으로 서로 양손을 잡고 힐토 힐토 옆으로 옆으로 옆으로)

② (8) : ①의 동작을 반대로 반복해서 역 LOD에 나간다(8).
(시계 반대방향으로 서로 양손을 잡고 힐토 힐토 옆으로 옆으로 옆으로)

Fig 2 : 〔16〕 – Clapping and Elbow Swing –

저 깊고 깊은 산골 오막살이에도 탄일종이 울린다.

③ (8) : 잡은 손을 풀고 Partner와 오른손 끼리 Clap 2박자에 3회 치고(2), 다음 왼손을 3회 치고(2), 양손을 3회 치고(2), 이어서 가슴 앞에서 1회 치고 양손을 올리면서(라–싸)(2).(오른손 서로 손뼉 3번 마주치고, 왼손 세 번, 양손 세 번, 가슴 앞에서 한번치고 양손 들면서)

④ (8) : Partner와 오른팔끼리 걸고 Elbow Swing해서 Change Partner한다.
(서로 파트너와 오른팔을 끼고 한바퀴 돌아서 왼쪽으로 파트너 체인지 한다)

♬ 레크레이션 댄스 9

Happy Christmas

(원곡 : Beautiful Sunday)

- MUSIC : 4/4박자
- FORMATION : Double Cicle (Facing Partner)
- STEP : Side Step, Schottische Step

Fig 1 : [16] – Side Step, Touch

(1) [16] : 남녀 양손을 잡고 남자 왼발로 왼쪽 옆으로 Step[1]하고
오른발을 왼발 옆에 Close한다[2].
다시 남자 오른발로 오른쪽 옆에 Step하고[3]
왼발로 오른발 옆에 Touch한다[4].
남자는 왼발 왼쪽 옆으로 Step[5],
오른발을 왼발 옆에 Close하고[6],
다시 왼발을 왼쪽 옆으로 Step[7],
오른발을 왼발 옆에 Touch한다[8]
여자는 반대발로 하고 [5][6]에서 남자의 왼손과
여자의 오른손 밑으로 1회전한다.
이상을 역 LOD로 반복한다[9–16]

(2) [16] : 남녀 손을 놓고 남자는 원안, 여자는 원밖으로
남자 왼발부터 Step, Step, Step, Hop(Schottische Step)으로
뒤로 서로 떨어져[1–4], 다시 오른쪽 어깨를 스치고
오른발부터 Schottische Step 1회로 전진하여
오른쪽으로 1/2 돌아 남녀 자리를 바꾼다[5–8]
이상을 남자는 밖에서 안을 보고 여자는 안에서 밖을 보고
남자는 뒤로 Schottische Step 1회로 서로 물러나서[9–12]
다시 Schottische Step 1회로 서로 전진하여 양손을 잡는다[13–16]

(3) [32] : 이상 (1)과 (2)를 역 LOD부터 반복하여
원안으로 남자가 들어와서 마지막 Schottische Step으로
비켜 왼쪽의 여자에게 가서 Changing Partner한다.

제 7 장
분위기 조성게임 & 넌센스 퀴즈

1. 분위기 조성게임
2. 넌센스퀴즈

1. 분위기 조성게임

1) 참여를 유도하는 분위기 조성 진행 요령

다양한 대상으로 프로그램을 실시할 때, 진행자는 교육적이면서도 즐겁게 참여를 유도하고 분위기를 부드럽게 조성하는 전문가 기법을 필요로 한다. 누구나 즐겁게 참여할 수 있는 분위기조성 게임을 통해 지도력을 한층 UP 시켜 보도록 한다.

① 지도시의 인상과 자세

- 부드러운 표정과 자신 있는 행동
- 대상에 맞는 행동과 옷차림
- 언어 구사와 말씨

② 동작이나 노래는 준비와 시작이라는 구호를 잊지 않는다.

- 동작을 요구 할 때는 명령으로 지도한다.

③ 율동이나 게임 설명은 간단 명료하게 한다.

- 게임 설명을 오래하면 대상들이 지겨워 하거나 분위기를 망친다.

④ 게임은 쉬운 것부터 시작하여 어려운 것으로 연결한다.

- 전체가 쉽게 참여하고 웃을 수 있는 게임을 시도

⑤ 합창을 할 때는 첫 음정과 시작이라는 구호를 붙여준다

- 남녀가 함께 부르거나 여러 사람이 합창할 때 첫 음정과 시작을 붙여준다.

⑥ 신체 접촉을 유도한다.

- 신체접촉을 이용한 게임을 통하여 서로를 가깝게 느낄 수 있도록 유도한다.

⑦ 팀을 이룰 때는 2팀이나 4팀이 좋고

- 적절한 경쟁 구도를 통해 참여를 유도한다.

⑧ 게임과 게임과의 연결을 매끄럽게 한다.

- 부모참여시 항상 유머와 위트를 준비하여 만약의 사태에 대비한다.

⑨ 프로그램이 끝나면 평가를 하고 자료 정리를 한다.

- 메모를 생활화를 통하여 유머나 상식 등 게임 소재를 개발한다.

2) SPOT(스팟) 분위기 조성 파트너 게임

스킨쉽을 통하여 자연스럽게 친교가 이루어지며 옆 사람과 인사 나누거나 간단한 게임을 통해 전체 분위기를 즐거운 분위기로 유도 할 수 있다.

■ **인사나누기 5단계 :**

1단계: 반갑다 친구야(만나서 반갑습니다)

2단계: 동안이시네요

3단계: 건강하세요

4단계: 사랑합니다

5단계: 잘해봅시다

Tip 분위기가 고조되면 일어나서 처음만난 사람들 5명과 인사를 나누고 자기 자리에 앉기로 유도할 수 있다.

■ **칭찬게임:** 나는 너의 좋은데를 안단다 (짝꿍 얼굴 마주보며 3군데 칭찬하기)

■ **사랑의 고리 :** 오른손은 사랑 고리를 만들고, 왼손은 짝꿍의 고리에 자신의 검지를 넣는다. 순발력을 이용한 게임

(노래) 둥글게 둥글게 - 둥글게 - 둥글게 - 빙글빙글 돌아가며 춤을 춥시다...

Tip "셋"을 외치면 짝꿍 손가락 고리에 넣은 자신의 검지를 빨리 빼고 상대편의 손가락은 자신의 손가락 고리로 꽉 잡는다.

■ **당신은 나의 제자 :** 존경합니다 / 우리는 영원한 친구

(노래) 훌랄라 랄라 -- 훌랄라 랄라 -- 훌랄라 랄라 -- 가위 바위 보!

■ **퐁당퐁당 박수 :** 박자에 맞추어 다양하게 박수치기

한 사람은 보자기를 한사람은 주먹을 한 상태에서 서로 양손을 노래 박자에 맞춰 부딪힌다.

■ **꼬마생쥐 : (노래게임)**

(노래) 아삭아삭 북북 꼬마생쥐

살그머니 집안으로 찬장속을 봤구나...

가위바위보로 이긴 사람은 오른손 검지와 장지로 생쥐를 만들어 진 사람의 오른손을 잡고 손등부터 목까지 살금살금 생쥐처럼 올라갑니다. 노래가 끝나면 지도자가

명령어를 크게 외치면 진 사람이 크게 말할 때 까지 생쥐(손가락)은 마음껏 온몸을 돌아다닌다. 따라서 진 사람은 빨리 그 세 가지를 말해야 한다.

Tip 명령어(맛있는 반찬 세 가지 / 산 이름 세 가지 / 강이름 세 가지/ 가고 싶은 나라 세 가지 / 연애인 이름 세 사람/ 갖고 싶은 것 세 가지 등)

■ **일체감 게임 : 8-4-2-1 게임**

오른쪽으로 8번 왼쪽으로 8번, 차례로 4번, 2번, 1번, 자기손뼉 2회
안마게임으로 유도 할 때는 주무르고 - 두들기고 - 긁어주고 - 찔러주기 4단계

■ **집중게임 : 사랑 가라사대 (약속게임)**

지도자가 '가라사대'란 말과 함께 동작을 요구하면 따라하고 '가라사대'란 말이 없이 동작을 요구하면 따라 하지 않는다.
'가라사대' 대신 '사랑' 이란 단어를, 직장이나 단체일 경우에는 단체명으로 한다.

■ **구령게임 : 손가락 제식훈련**

양손을 앞으로 내민다(장풍). 손을 앞으로 내민 상태에서 손가락을 벌리면 '열중 쉬어', 손가락을 모으면 '차렷'이 된다.

3) 박수 게임을 이용한 SPOT 기법

■ **박수로 도입하는 방법**

박수 1 : 숫자박수 : 1, 2, 3, 5, 7, 8,11 박수의 종류 -리듬감
박수 1 번 : X
박수 2 번 : X X
박수 3 번 : X X X
박수 5 번 : X X XXX
박수 7 번 : X XX XX # XX
박수 8 번 : XXXX XX # XX
박수 1 1 번 : XX XXX XXXX XX
박수 1 5 번 : 박수 7 번 + 박수 8번
박수 1 0 0 번 : (박수 11번 -1번)*제곱
※ X는 박수를 친다. #는 머리를 뒤로 젖히면서 '훅'한다

■ **계단 박수 : 1, 2, 3, 4, 3, 2, 1 순으로 일체감 조성 박수**

리더는 손뼉을 박수 한번시작

① 두 번 시작, 3, 4, 3, 2, 1의 숫자순으로 치게 유도 한다.

② 계단박수 시작! 하면 위의 숫자순으로 치게 한다.

③ 서로 박수가 통일되지 않으면 몇 번 반복시키는 중에 박수에 열중하게 되어 리더에게 주목을 하게 된다.

■ **교차 박수 : 손이 교차할 때 박수치기**

① 리더는 양손을 상하로 교차한다.

② 양손이 상하로 교차할 때 교차점에서 손뼉 한번을 치게한다.

③ 점점 빨리 교차하다가 교차시키는 척 하며 멈춘다.

④ 이때 「손뼉을 치는 사람은 앞으로 모시겠습니다」 하고 분위기가 집중.

■ **웃음 박수**

* 하하하하 : 몸을 앞뒤로 흔들면서 웃는 모습을 한다.
* 호호호호 : 한손으로 입을 가리고 얌전히 웃는 모습을한다.
* 깔깔깔깔 : 한 손으로는 배를 움켜잡고
  한손으로 옆사람을 쳐가면서 웃는 모습을 한다.

• 하하하하 XX 호호호호 XX 깔깔깔깔 XX
  하하 X 호호 X 깔깔 X 하하호호깔깔 XX

■ **곤지 · 잼 · 도리 박수**

① 곤지 곤지 속뺵 2회

② 잼 잼 손뼉 2회

③ 도리 도리 손뼉 2회

④ 곤지 X 잼 X 도리 X을 차례로 하고

⑤ 곤지 잼 도리 박수 3회

■ **대문 박수**

열고 X 닫고X 열고 닫고 XX

삐거덕 X 찌거덕 X 삐거덕 찌그덕 XX

■ **여러분 박수**

처음 인사말 할 때 사용하는 박수로서

「오른손」 은 박수를 치고, 「왼손」 은 크게 함성,
「양손」 을 흔들면 함성과 함께 연타박수를 친다.

■ **믿음 · 소망 · 사랑 박수**

＊ 믿음 믿음 XX : 양손을 가슴에 모으고 기도한 뒤 박수 2번
＊ 소망 소망 XX : 양손을 가슴에서 엇갈려 포갠 뒤 박수 2번
＊ 사랑 사랑 XX : 양검지 손가락으로 하트 모양을 그린다.

• 믿음 믿음 XX 소망 소망 XX 사랑 사랑 XX
믿음 X 소망 X 사랑 X 믿음 소망 사랑 XXX

4) Ice Braking 기법 (평형의 원칙 깨기)

■ **엄지, 약지 바꾸기**

오른손은 엄지를 펴고 왼손은 약지를 편다.
진행자의 '바꿔' 구호에 맞추어 반대로 오른손은 약지, 왼손은 엄지로 바꾼다.

■ **명 지휘자**

오른손으로는 상하로(↕) 2/4 박자 지휘하고,
왼손은 (△)을 그리면서 3/4박자를 연습한 후 동시에 양손을 움직인다.

■ **비벼주고 두들기기**

오른손으로 두드리고 왼손은 비벼주기(반대로)

■ **코잡고 귀잡기**

오른손으로 코를 잡고 왼손으로 오른쪽 귀를 잡는다.
진행자가 '바꿔' 라고 외치면 반대로 왼쪽 귀를 잡고 오른손은 코를 잡는다.

■ **양손 가위, 바위, 보**

자신의 양손으로 가위, 바위, 보를 하는데 오른손이 항상 이기도록 한다. 왼손으로 바꾸기도 하고 다른 내용으로 세 번을 하기도 한다.

2. 넌센스 퀴즈

레크리에이션 프로그램에 있어서 퀴즈게임은 자동차의 윤활유와 같은 역할을 한다. 퀴즈의 내용은 모임의 성격과 대상의 수준에 따라서 선택한다.

유머를 활용하는 방법

퀴즈나 유머는 사회자가 진지한 자세로 말을 하며, 미리 웃거나 혼자 독불 장군처럼 이야기 해서는 안됩니다.

퀴즈를 낼때, 의외성을 갖는 퀴즈이므로 신속함과 유연함을 발휘하도록하며, 항시 대화형으로 대중과 호흡하듯이 퀴즈를 내도록 합니다.

퀴즈를 내고 반응이 오면 반응 온 대답을 멘트로 활용하여 분위기를 조성하며, 답이 틀리더라도 존중해주고, 박수도 보내 주어야만 다른 사람들도 적극적으로 참여를 합니다.

항상 새로운 아이디어의 퀴즈를 활용하여야 합니다.

퀴즈는 1회성이 있고, 자주 사용해도 즐거운 것이 있습니다. 가능하면 퀴즈는 답답형 보다, 만담형식이 좋습니다.

그리고 분위기에 맞는 퀴즈나 유머를 활용합니다. 장소, 시간, 대상모임의 성격에 맞는 것을 사용 하십시요.

참가자들의 자존심을 건드리는 것은 좋지 않습니다.

마찬가지로 너무 아부형의 것도 속이 들어다 보이니 조심해야합니다.

저속한 언어나 비인격적인 언어나 행동은 조심하여야 합니다.

마찬가지로 사회자의 입에서 노골적인 성 묘사나, 신체불구에 대한 표현이 나오지 않도록 조심하여야 하며, 대상에 따라 성인 유머가 필요한곳에서는 노골적이기 보다 은유적으로 표현 하는 것이 좋습니다.

가능하면 자신의 주변이야기나,
삶의 주변 이야기에서 유머를 활용해보세요.

기본 넌센스퀴즈

신체

- 몸에서 돌보다 단단한 곳은? 머리카락(돌을 뚫고 나오니까)
- 몸에서 쇳덩어리보다 강한 곳은? 수염(철면피를 뚫고 나오니까)
- 신체 부위 중 무게가 네 근 나가는 곳은? 가슴(두근두근거리니까)
- 손가락 중에 가장 깨끗한 손가락은? 약지(코딱지와 관련)
- 남자의 신체부위 중 별로 쓸모가 없는 것? 젖꼭지
- 우리 신체부위 중 가장 짠 곳? 염통, 장단지
- 여자 허리 아래에서 '지'자로 끝나는 3부분? 장단지, 허벅지, 발목아지

나라, 동네

- 세계에서 굶는 사람이 가장 많은 나라? 헝가리
- 가장 잘 해 입고 다니는 나라? 가봉
- 기형아(바보)가 가장 많은 나라? 모나코, 네팔
- 가스가 가장 많이 나는 나라? 부탄
- 차도가 없는 나라? 인도
- 인도보다 네배가 큰 나라? 인도네시아
- 애주가가 가장 많은 나라? 호주
- 때리는 사람들만 사는 나라는? 칠레
- 처녀가 가장 많이 사는 나라? 뉴질랜드(미국 버지니아)
- 광부들이 많이 사는 나라? 케냐
- 국민들이 가장 거만한 나라? 오만
- 가장 꾀가 많은 나라? 수단
- 학생들이 제일 좋아하는 동네? 방학동
- 소방관이 제일 싫어하는 동네? 방화동

이름

- 도둑이 훔친 돈의 이름은? 슬그머니
- 허수아비의 아들 이름은? 허수
- 둘리가 다니는 고등학교 이름? 요리보고

- 둘리가 전학간 고등학교? 빙하타고
- 둘리가 좋아하는 부침(개)은? 1억년전
- 사오정이 다니는 고등학교? 뭐라고
- 뻔뻔스럽고 염치없는 사람의 피를 뭐라고 부르나? 철면피

선생님을 졸도시킨 답안지

S 중학교 국어 시험

[문제] 문장호응관계를 고려할 때 괄호 안에 알맞은 말은 ?
"내가 (   ) 돈은 없을지라도 마음만은 부유하다."

[정답] (비록)

[그 학생] 내가 (씨발) 돈은 없을지라도 마음만은 부유하다.

K 중학교 가정문제

[문제] 찐 달걀을 먹을 때는 (   )을(를) 치며 먹어야 한다.

[정답] (소금)

[그 학생] 찐 달걀을 먹을 때는 (가슴)을 치며 먹어야 한다.

E 여고 중간고사 생물시험

[문제] 괄호안에 알맞은 단어를 쓰시오 (주관식)
-- 곤충은 머리, 가슴, (   )로 나뉘어져 있다. --

[정답] (배)

[그 학생] 곤충은 머리, 가슴, (으)로 나뉘어져 있다.

S 초등학교 글짓기 시험

[문제] "(   )라면 (   )겠다"를 사용해 완전한 문장을 지어보세요.

[정답] "(내가 부자)라면 (가난한 사람들을 도와주)겠다" 등등

[그 학생] (컵)라면 (맛있)겠다.

S 초등학교 체육 시험

[문제] 올림픽의 운동 종목에는(　), (　), (　), (　) 가 있다

[정답] (육상),(수영),(체조),(권투) 등등

[그 학생] 올림픽의 운동종목에는 (여),(러),(가),(지)가 있다.

S 초등학교 자연 시험

[문제] 개미를 세등분으로 나누면 (　), (　), (　)

[정답] (머리),(가슴),(배)

[그 학생] 개미를 세등분으로 나누면 (죽),(는),(다)

지하철 이름으로 본 퀴즈

1. 장사하는 사람들이 좋아하는 역은? → 이문역
2. 일이 산더미처럼 쌓인 역은? → 일산역
3. 가장 적은 예산으로 지은 역은? → 일원역
4. 스포츠 경기때마다 바빠지는 역은? → 중계역
5. 수도를 틀어도 석유가 나오는 역은? → 중동역
6. 23.5도 기울어져 있는 역은? → 지축역
7. 공자,맹자,노자 등 성인이 사는 역은? → 군자역
8. 대학도 아닌것이 대학근처에서 대학인척 하는 역은? → 낙성대역
9. 양력설을 세는 역은? → 신정역
10. 앞에 구정물이 흐르는 역은? → 압구정역
11. 새벽부터 빈물통을 든 사람들이 몰려드는 역은? → 약수역
12. 역 3개가 함께 있는 역은? → 역삼역
13. 타고 있으면 다리가 절인 역은? → 오금역
14. 실수로 자주 내리게 되는 역은? → 오류역
15. 기초적인 바둑을 가르키는 학교가 있는 역은? → 오목교역
16. 역내 화장실에 항상 뜨거운 물이 나오는 역은? → 온수역
17. 마라톤 선수들이 가장 좋아하는 역은? → 월계역
18. 학교가기 싫어하는 애들이 가장 좋아하는 역은? → 방학역

19. 불장난하다 진짜로 불이난 역은? → 방화역
20. 죽은이들을 기리기 위해 지어진 역은? → 사당역
21. 항상 화를 내는 역은? → 성내역

행사(학부모나 성인)를 위한 퀴즈

1. 개미네집 주소는? 허리도 가늘군 만지면 부러지리.
2. 타이타닉의 구명보트에는 몇 명이 탈수 있을까? 9명(구명보트)
3. 서울시민 모두가 동시에 외치면 무슨 말이 될까? 천만의 말씀(서울시민 천만명)
4. 금은 금인데 도둑 고양이에게 가장어울리는 금은? 야금야금
5. 고기 먹을때마다 따라오는 개는? 이쑤시개
6. 별중에 가장 슬픈 별은? 이별
7. 진짜 새의 이름은 무엇일까요? 참새
8. 붉은길에 동전 하나가 떨어져 있다. 그 동전의 이름은? 홍길동전
9. 사람의 몸무게가 가장 많이 나갈 때는? 철들 때
10. A젖소와 B젖소가 싸움을 했는데 싸움에서 B 젖소가 이겼다. 왜 그랬을까?
    A젖소는 "에이 졌소" 이고 B젖소는 "삐 졌소?"
11. 이혼이란? 이제 자유로운 혼자
12. 고인돌이란? 고릴라가 인간을 돌맹이 취급하던 시대
13. 엉성하다란? 엉덩이가 풍성하다
14. 절세미녀란? 절에 세들어 사는 미친 여자
15. 눈치코치란? 눈 때리고 코 때리고
16. 오리지날이란? 오리도 지날하면 날수 있다
17. 요조숙녀란? 요강에 조용히 앉아있는 숙녀
18. 세상에서 가장 뜨거운 바다는 어디일까요? 열바다
19. 세상에서 가장 추운 바다는 어디일까요? 썰렁해!
20. 세상에서 제일 더러운 집은? 똥~집!
21. 세상에서 제일 맛있는 집은? 닭똥집
22. 보내기 싫으면? 가위나 바위를 낸다.
23. 땅투기군과 인신매매자를 7자로 줄이면? 땅팔자 사람팔자.
24. 도둑이 도둑질하러 가는 걸음걸이를 4자로 줄이면? 털레털레

25. 식인종이 밥투정 할때 하는 말은? 에이, 살맛 안나~
26. 임꺽정이 타고 다니는 차가 무엇일까? 으라차차차!
27. 양초각에 양초가 꽉 차있을때 세자로 줄이면? 초 만원
28. 씨름 선수들이 죽 늘어서 있다'를 세자로 줄이면? 장사진
29. 서로 진짜라고 우기는 신은? 옥신 각신
30. 여자가 가장 좋아하는 집은? 시집
31. 남자가 가장 좋아하는 집은? 계집
32. 재밌는 곳은 어딜까? 냉장고에 잼 있다.
33. 개가 사람을 가르친다' 를 4자로 줄이면? 개인지도
34. 소가 웃는 소리'를 세글자로 하면? 우하하!
35. 이심전심이란? 이순자가 심심하면 전두환도 심심하다.
36. 황당무계이란? 노란 당근이 무게가 더 나간다.
37. 천고마비이란? 하늘에 고약한 짓을 하면 온 몸이 마비된다.
38. 착한자식이란? 한국에서 살고 있는 성실한 사람.
39. 호로자식이란? 러시아를 좋아하는 사람.
40. 미친자식이란? 미국과 친하려는 사람.
41. 중학생과 고등학생이 타는 차는? 중고차
42. 왕이 넘어지면 뭐가될까? 킹콩
43. 초등학생이 가장 좋아하는 동네는? 방학동
44. 스타들이 싸우는 모습을 뭐라구 할까? 스타워즈
45. 라면은 라면인데 달콤한 라면은? 그대와 함께라면
46. 겨울에 많이 쓰는 끈은? 따끈따끈
47. 토끼들이 젤 잘하는것은 무엇일까? 토끼기(도망치기)
48. 길가에서 죽은 사람을 무엇이라 하는가? 도사
49. 진짜 문제 투성이인 것은? 시험지
50. 세 사람만 탈 수 있는 차는? 인삼차
51. 폭력배가 많은 나라? 칠레
52. 굶는 사람이 많은 나라는? 헝가리
53. 경찰서가 가장 많이 불타는 나라는? 불란서
54. 노총각들이 가장 좋아하는 감은? 색시감
55. 먹고 살기 위해 하는 내기? 모내기
56. 아무리 예뻐도 미녀라고 못하는 이 사람은? 미남

57. 사람이 일생동안 가장 많이 하는 소리는? 숨소리
58. 가장 알찬 사업은? 알(계란)장사
59. 눈이 녹으면 뭐가 될까? 눈물
60. 가장 더러운 강은? 요강
61. 귀는 귀인데 못 듣는 귀는? 뼈다귀
62. 말은 말인데 타지 못하는 말은? 거짓말
63. 사람이 먹을 수 있는 제비는? 수제비
64. 세상에서 제일 큰 코는? 멕시코
65. 수학을 한글자로 줄이면? 솩
66. 세상에서 가장 빠른 닭은? 후다닥
67. 세상에서 가장 야한 닭은? 홀닥
68. 가슴의 무게는? 4근(두근 두근)
69. 간장은 간장인데 사람이 먹을 수 없는 간장은? 애간장
70. 감은 감인데 먹지 못하는 감은? 영감, 옷감, 대감, 상감
71. 병아리가 제일 잘 먹는 약은? 삐약
72. 개중에 가장 아름다운 개는? 무지개
73. 걱정이 많은 사람이 오르는 산은? 태산
74. 공중에서 사람들이 가장 좋아하는 공은? 성공
75. 다리중 아무도 보지 못한 다리는? 헛다리
76. 누구나 즐겁게 웃으며 읽는 글은? 싱글 벙글
77. 눈은 눈인데 보지 못하는 눈은? 티눈, 쌀눈
78. 다 자랐는데도 계속 자라라고 하는 것은? 자라
79. 닭은 닭인데 먹지 못하는 닭은? 까닭
80. 떡 중에 가장 빨리 먹는 떡은? 헐레벌떡
81. 똥은 똥인데 다른 곳으로 튀는 똥은? 불똥
82 .똥의 성은? 응가
83. 먹고 살기 위하여 누구나 한가지씩 배워야 하는 술은? 기술
84. 목수도 고칠 수 없는 집은? 고집
85. 묵은 묵인데 먹지 못하는 묵은? 침묵
86. 문은 문인데 닫지 못하는 문은? 소문
87. 물고기 중에서 가장 학벌이 좋은 물고기는? 고등어
88. 물은 물인데 사람들이 가장 무서워하는 물은? 괴물

90. 물은 물인데 사람들이 가장 좋아하는 물은? 선물
91. 바가지는 바가지인데 쓰지 못하는 바가지는? 해골바가지
92. 바닷가에서는 해도 되는 욕은? 해수욕
93. 발이 두개 달린 소는? 이발소
94. 배울 것 다 배워도여전히 배우라는 말을 듣는 사람은? 배우
95. 벌레 중 가장 빠른 벌레는? 바퀴벌레(바퀴가 있으니까)
96. 별중에 가장 슬픈 별은? 이별
97. 사람들이 가장 싫어하는 거리는? 걱정거리
98. 사람이 즐겨 먹는 피는? 커피
99. 사람이 즐겨 먹는 제비는? 수제비
100. 아홉명의 자식을 세자로 줄이면? 아이구

아이들의 눈으로 본 세상과 생각들 (전파 견문록 기출문제)

1. 씨앗 – 이건 작지만 들어있을건 다들어 있어요.
2. 걱정 – 아빠가 출장을 가도 계속 남아 있는 거예요.
3. 인어공주 – 이건 아래랑 위랑 바뀌면 안 돼요.
4. 방귀 – 아빠가 제일 크고 그 다음이 나예요. 엄마가 제일 작아요.
5. 도장 – 여기 있는 글자는 읽기가 힘들어요.
6. 반상회 – 누가 너무 쉬 마려워서 엘리베이터에 쉬를 하면 사람들이 이걸 해요.
7. 어부바 – 엄마가 하면 동생이 안 보여요.
8. 시골 – 어른들이 어린이가 다 갈 때까지 보고 있어요.
9. 콩닥콩닥 – 내 양말에 빵구가 났는데 친구가 자기 집에 가재요.
10. 손님 – 이 사람이 가고 나면 막 혼나요.
11. 새치기 – 이걸 하려면 아는 사람이 있어야 돼요.
12. 신호등 – 네모 안에 사람이 있어요.
13. 요술램프 – 이건 되게 작은데 여기 사는 주인은 되게 커요.
14. 세뱃돈 – 큰 건 엄마가 갖고 작은 건 내가 가져요.
15. 노래방 – 아빠가 일어나면 엄마가 책을 봐요.
16. 추억 – 사람들이 그 속에 많이 들어있어요.
17. 콧구멍 – 이건 딱 손가락만 해요.

18. 만세 – 엄마랑 목욕하면 이걸 꼭 해야 되요.
19. 정 – 이게 있으면 물건을 못 버려요.
20. 팔짱 – 우리 엄마가 기분 좋을 때 아빠한테 하는 거예요.
엄마가 무지 화나면 혼자서도 해요.
21. 풍선 – 어른들은 애들이 자꾸 해달라고 하면 머리 아프니까 싫어해요.
22. 탬버린 – 어린이들은 학교에서 하고 어른들은 놀면서 이걸 해요.
23. 회전목마 – 엄마 앞에 오면 엄마가 막 손을 흔들어요.
24. 변신 – 엄마가 아빠랑 외출할 때 맨날 이걸 해요.
25. 광고 – 맨날 맛있다고 하고 맛없다는 사람은 아무도 없어요.
26. 이름 – 엄마는 자기 걸 안 쓰고 내 걸 많이 써요.
27. 우정 – 차에 친구가 안 타면 안 탔다고 소리치는 거예요.
28. 낙서 – 내가 주인공이 되면 창피해요.
29. 산신령 – 이 사람은 물에 들어갔다 나와도 절대 옷이 안 젖어요.
30. 출동 – 이걸 할 땐 진짜 가까워도 차 타고 가야 돼요

어려운 발음문제

- 저기 저 콩깍지가 깐 콩깍지냐? 안 깐 콩깍지냐?
- 저기 저 말뚝이 말을 맬 수 있는 말뚝이냐? 말을 맬 수 없는 말뚝이냐? 말을 못 맬 말뚝이냐?
- 저 분은 백 법학박사이고 이 분은 박 법학박사이다.
- 작년에 온 솥 장수는 새 솥장수이고, 금년에 온 솥 장수는 헌 솥장수이다.
- 상표 붙인 큰 깡통은 깐 깡통인가? 안 깐 깡통인가?
- 한영양장점 옆에 한양양장점, 한양양장점 옆에 한영양장점
- 강낭콩 옆 빈 콩깍지는 완두콩 깐 빈 콩깍지이고, 완두콩 옆 빈 콩깍지는 강낭콩 깐 빈 콩깍지이다.
- 간장공장 공장장은 강 공장장이고, 된장 공장 공장장은 장 공장장이다.
- 멍멍이네 꿀꿀이는 멍멍해도 꿀꿀하고, 꿀꿀이네 멍멍이는 꿀꿀해도 멍멍한다.
- 서울특별시 특허 허가과 허가과장 허과장
- 앞 집 팥죽은 붉은 팥 풋팥죽이고, 뒷집 콩죽은 햇콩단콩 콩죽이고, 우리집 깨죽은 검은깨 깨죽인데, 사람들은 햇콩 단콩 콩죽 깨죽 죽먹기를 싫어하더라.

- 우리집 옆집 앞집 뒷창살은 홑겹창살이고, 우리집 뒷집 앞집 옆창살은 겹홑창살이다.
- 내가 그린 구름 그림은 새털구름 그린 그림이고, 네가 그린 구름 그림은 뭉게구름 그린 그림이다.
- 저기 저 뜀틀이 내가 뛸 뜀틀인가 내가 안 뛸 뜀틀인가.
- 이 기린 그린 그림은 흰 기린 그린 그림이고, 저 기린 그린 그림은 푸른 기린 그린 그림이다.
- 경찰청 창문 쇠 철창 살은 녹슨 쇠 철창 살인가 녹 안 슨 쇠 철창 살인 가.
- 봄 꿀밤 단 꿀밤, 가을 꿀밤 안단 꿀밤
- 강 건너 강 공장장은 간장 공장 공장장이고 강 안 건너 공 공장장은 된장 공장 공장장이다.
- 니 붕어 알이 크냐 내 붕어 알이 크냐
- 이 콩깍지는 깐 콩깍지이냐 안 깐 콩깍지이냐 ?
- 자기야 자기는 자기가 아닌 다른 자기가 자기보고 자기라고 하면 자기는 자기라고 할 수 있어 자기

부록

1. 모자의 변신 여행
2. 활동 계획안 예시
3. 레크리에이션 진행 기획안 예시
4. 제스쳐 카드

부록 1

☆ 모자의 변신 여행(신문지 접기)

1. 모자접기 시작

2. 아랫단 접어올리기

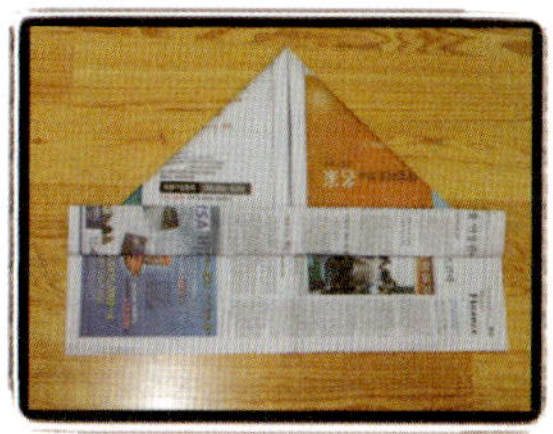

3. 뒤집어 접기

4. 아랫단 접어올림

5. 교황님 모자

6. 뾰족부분 접어내림(지갑)

7. 펼쳐서 누름

8. 반 접음

9. 야구 글로브

10. 안쪽을 사각으로..

11. 롯데리아모자

12. 해병 모자

13. 학사모 완성

부록 2

■ 활동 계획안 예시 1

활 동 명	유아 요가		
활 동 목 표	동물이름과 소리를 응용하여 요가 동작을 쉽게 기억할 수 있다.		
대상연령/소요시간	만 3세 이상	준 비 물	편안한 옷차림
활 동 방 법			

Ⅰ. 도입

간단하게 몸을 풀 수 있는 동작들로 기본 스트레칭을 한다.
목이 긴 기린이 되어보자 – 목을 빼고 돌리며 목운동을 한다.
날개 짓 하는 새가 되어보자 – 팔을 돌리며 팔운동을 한다.

Ⅱ. 본활동(전개)

바닥을 보고 엎드린 자세에서 시작한다.

자세	방법	사진
1. 혀를 메롱메롱~ 코브라가 되어보자	엎드린 상태에서 손바닥으로 바닥을 밀려 상체만 들어 올린다.	
2. 멍멍! 강아지가 되어보자	양손으로 바닥을 짚고 무릎을 바닥에 대고 허리를 수평으로 만든다.	
3. 쉬~ 쉬하는 강아지가 되어보자	강아지동작에서 한쪽다리를 든다.	

교사가 배운 동작의 동물 소리를 번갈아 내면 아이들은 그에 맞는 동작을 취한다.

자세	방법	사진
4. 야옹야옹~ 고양이가 되어보자	강아지동작에서 허리를 동그랗게 만든다.	
5. 아오~ 늑대가 되어보자	고양이와 반대로 배를 아래로 당기고 고개를 든다.	
6. 응애응애~ 웅크린 아기가 되어보자	몸을 모두 웅크린다.	
7. 아 힘들어, 우리 잠깐 누워 잘까?	바닥에 편히 눕는다. 교사는 열을 세어 준다. (잠깐 불을 꺼도 좋다)	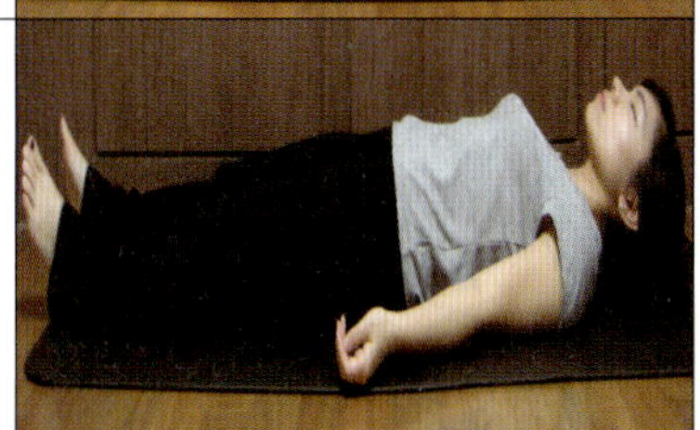
8. 아이 잘 잤다! 누가 가장 긴가~	온몸을 길게 쭉 늘리며 기지개를 킨다.	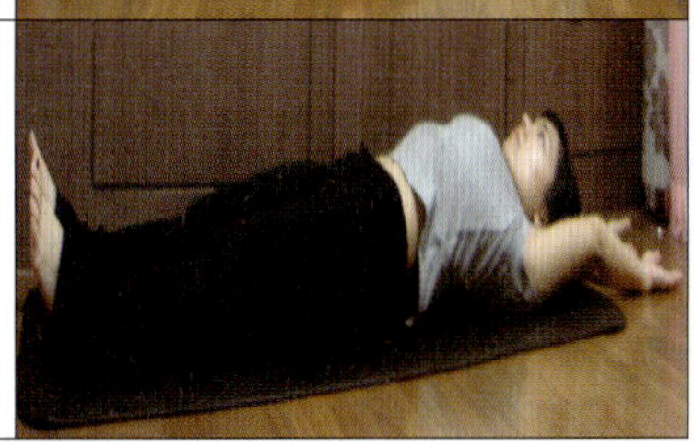

Ⅲ. 마무리

다리를 뻗고 앉는다.

머리부터 발끝 까지 두들기며 내려갔다, 쓰다듬으며 올라와 몸을 편안히 마무리 한다.

비고(유의사항 및 참고사항)	- 부딪혀 다치지 않도록 개개인의 공간을 확보한다. - 다음에는 서서하는, 누워서하는 요가동작을 배워본다. - 숫자를 불러줄 때는 낮은음성의 구령으로 천천히 불러준다. - 잔잔한 음악을 준비해도 좋다.

■ **활동 계획안 예시 2 : 부모 참여 수업**

활 동 명	친구 같은 아빠 되기 (아이와의 신체 마사지 & 놀이)		
활 동 목 표	- 아이와 함께 할 수 있는 신체 마사지를 경험해본다. - 부모의 적극적인 참여를 통해 아이에게 친구 같은 부모가 되기 위한 놀이방법을 익힌다.		
대상연령/소요시간	아빠(부모) / 15~20분	준 비 물	없음
활 동 방 법			

Ⅰ. 주의집중 및 도입

T: 아버님들~ 가정에서 아이들과 많이 놀아주시나요?

T: 많이 못 놀아주시는 아버님들이 많네요.
아버님들께서는 평소 바쁘다는 핑계로 아이들 돌보기에 소홀히 하셨을 겁니다.

T: 그래서 오늘은 제가 제안하는 데일리 플랜을 잘 기억해 주시기 바랍니다.
우선, 데일리 플랜은 Daily: 매일의, 일상의 라는 뜻과, Plan: 계획 이라는 뜻으로 일상의 계획을 말합니다. 이하 DP라고 하겠습니다!
DP는 무리한 계획보다는 하루에 하나씩 실천하는 자세가 중요합니다!
집이나 야외에서 할 수 있는 간단한 놀이로 아이와 친밀감을 돈독히 해줄 수 있죠.
간단히 말하자면 아버님들의 작은 실천만으로 아이들에게 한걸음 한걸음 다가갈 수 있게 되는 것입니다.

- 친구 같은 아빠 되는 노하우 세 가지를 알려 드리겠습니다.

첫째, 하루에 1분만 내어 아이와 전화 통화를 한다.
아무리 바쁜 아빠라도 1분은 시간을 낼 수 있습니다. 오래 통화하는 것보다 중요한 것은 '아들아, 오늘 학교에서는 힘들지 않았니?' 라며 아이의 관심사를 건드리는 것입니다.
이야기를 오래 하지 않아도 아이는 아빠가 자신에게 관심이 있다는 것을 느끼게 됩니다.

둘째, 출퇴근할 때 자고 있는 내 아이의 머리를 쓰다듬어 준다.
일찍 출근하고 밤 늦게 퇴근해 아이 볼 시간이 없을 정도로 바쁜 아빠들~ 이해합니다.
하지만 이렇게 시간에 쫓기더라도 아이에게 애정 표현은 반드시 해야 합니다. 자고 있는 아이의 머리를 쓰다듬어 주고 출근을 하면 당장은 아이가 모를지도 모르지만 아이들은 다 알아주거든요~

셋째, 아이의 관심사를 미리 파악하고 북돋워준다.
아이는 아빠가 자신의 관심사를 알고 있다고 생각하면 더욱 더 신이 나 자신의 재능을 맘껏 펼치기 마련이지요.
아이들이 잘 하는 것, 관심있는 것이 무엇인지 알아두고 아이가 더 잘할 수 있도록 적극적으로 격려해 주는 것이 좋습니다.
잘 아시겠죠? 이 세 가지 노하우 잊지 마시길 바라면서 그럼 이제 본 활동으로 들어가기에 앞서 어머님과 마주보고 앉으시길 바랍니다.

Ⅱ. 본활동

	활동명	활동내용
1	아이 키 늘이기	우선 어머님들은 누어주시고요. 본 활동에서 아버님들께서는 어머님들을 내 아이라고 생각하시는 전제 하에 이루어지셔야합니다. 아빠는 아이에게 마사지를 해주면서 키가 더 커진다는 말을 해줍니다. 쑥쑥 자란다~ 쑥쑥 자란다~ 키가 아주 많이 자랐네? 다같이 시작! 쑥쑥 자란다~ 쑥쑥 자란다~ 키가 아주 많이 자랐네? 손과 발을 주물러주면서 늘이는 시늉을 하며 마사지를 해줍니다. 겨드랑이나 목 부분에 손이 닿게 되면 자연스럽게 웃음이 터지게 됩니다. 간단하죠? 우리가 볼 땐 이렇게 간단한 것들이 아이들에게는 효과만점!
2	아이의 갈비뼈 헤아리기	아이가 바닥에 누워있고 아빠가 아이의 갈비뼈가 몇 개인지 세어보세요. 허리부분부터 세기 시작하시면 됩니다. 갈비뼈가 몇 개 일까~? 하나 둘 셋 넷 다섯~ 시작! 갈비뼈가 몇 개 일까~? 하나 둘 셋 넷 다섯~ 어머님들 간지러우시죠? 어머님들처럼 아이들도 자신의 몸에 아빠의 손가락이 닿는 순간 웃게 됩니다. 웃으면 반칙이라고 하고 다시 세기를 시작하는 것도 좋습니다.
3	눈싸움 놀이하기	눈싸움 많이 해보셨죠~? 아이와도 하면 너무 재미있는데~ 아빠와 아이가 바닥에 앉아서 서로 마주 봅니다. 눈을 깜빡이면 지는 것이죠. 서로 눈을 보는 행위로 사랑을 확인하게 됩니다. 또, 이 활동에서 제가 나름대로 세운 전략은 처음에는 아이가 이기고, 둘째 판은 아빠가 이기고, 결승에서 아이가 이기게 하여 아이의 기를 살려주는 방법도 있습니다.
4	왕자나 공주 얼굴 만들기	아이가 바닥이나 아빠의 무릎에 눕습니다. 아빠는 아이의 눈, 귀, 코, 볼 입술 등을 만지면서 공주나 왕자의 얼굴을 만든다고 말하거나, 더욱 예뻐지거나 멋있어 진다는 주문을 거는 겁니다. 아빠의 손이 아이의 얼굴 각 부분을 만지는 자체가 이미 서로 사랑하고 있다는 증거이므로 아이는 기분이 아주 좋아집니다.
5	하늘 따먹기	이건 어머님 아버님들께서 따라하기 힘드시니까 잘보고 기억해두셨다가 집에 가셔서 아이들에게 해주세요~ 이 활동 같은 경우에는 좀 어린 자녀와 놀아주는 방법입니다. 침대 위에 아이를 서게 한 뒤, 아빠의 양손을 아이의 겨드랑이에 끼우고 반동을 이용해 아이를 높이 들었다가 내리는 동작을 반복합니다. 순식간에 솟아오르는 동작은 아이에게 금방 웃음을 가져다 주지요.

T: 이러한 간단한 활동들을 통해 아빠와 아이가 한 층 더 가까워 질 수 있다니~ 참 쉽죠~? 어색하다 싶은 아버님들은 어머님들의 물리적인 도움보다는 이론적인 도움만 받아서 꼭 아이와 놀아주시고요. 친구 같은 아빠가 되시기를 응원하겠습니다.

■ **활동 계획안 예시 3**

활 동 명	체조는 이야기를 싣고 (짝 체조)		
활 동 목 표	* 신체의 유연성을 기를 수 있다. * 집중력과 순발력을 기를 수 있다.		
대상연령/소요시간	만 4세 이상 / 10~15분	준 비 물	행동 힌트카드 5장
활 동 방 법			

Ⅰ. 주의집중 및 도입

토끼와 거북이 박수로 주의를 집중시킨다.
(깡총깡총 짝 짝 엉~금~엉~금~ 짝 짝 깡총 짝 엉~금~ 짝 깡총 엉~금~ 짝 짝)

Ⅱ. 본활동

1. 짝 체조 다섯 동작을 가르쳐 주고 함께 해 본다. (2인 1조)
   - '토끼와 거북이', '자전거 타기', '배 타기', '노 젓기', '쿵덕쿵덕'
2. '체조는 이야기를 싣고'라는 활동에 대해 설명한다.
   - 두 짝이 가위, 바위, 보를 해서 토끼와 거북이 역할을 정한다.
3. 이야기를 들으며 체조동작을 수행한다.

〈이야기〉
옛날에 토끼와 거북이가 살고 있었어요.
어느 날 토끼가 산책을 하다가 느긋하게 기어가는 거북이를 보고 느림보라고 놀려댔어요.
거북이는 화가 나서 "나도 물에서는 너보다 빨리 다닐 수 있어!" 하고 소리쳤어요.
결국 둘은 내기 경주를 하게 되었어요.
토끼는 육지에서 자전거를 타고 거북이는 바다에서 배를 타고 누가 먼저 결승점에 도착하는가 하는 시합이었어요.
"준비~ 땅!!" 경기가 시작되고 토끼는 자전거를 타고 달리고 거북이는 배를 타고
영차영차 노를 저으며 나아갔어요.
토끼가 더 열심히, 더 빨리 자전거를 탔어요.
거북이도 더 열심히, 더 빨리 노를 저어 갔어요.
시간이 흐르고 토끼와 거북이는 결승점에 동시에 들어왔어요. 공동 1등이에요.
토끼와 거북이는 서로 화해하고 쿵덕쿵덕 맛있는 떡을 만들어 나눠먹었대요.

〈체조동작〉

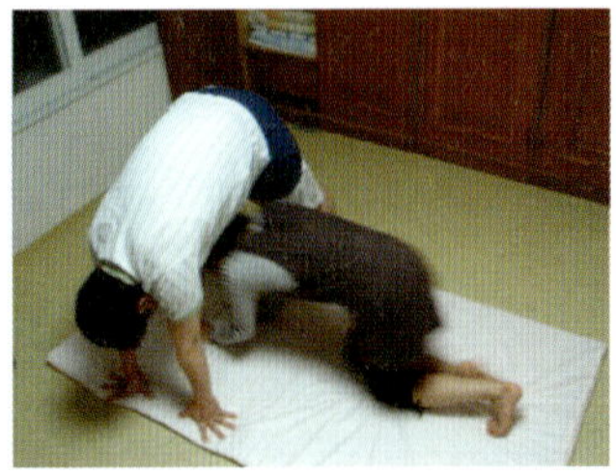

토끼와 거북이

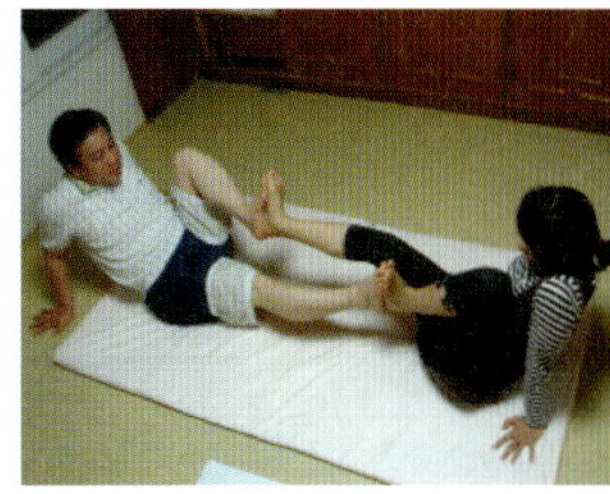

자전거 타기

배 타기

노 젓기

쿵덕쿵덕

비고(유의사항 및 참고사항)	- 부딪혀 다치지 않도록 개개인의 공간을 확보한다. - 다음에는 서서하는, 누워서하는 요가동작을 배워본다. - 숫자를 불러줄 때는 낮은음성의 구령으로 천천히 불러준다. - 잔잔한 음악을 준비해도 좋다.

부록 3

♧ 레크리에이션 진행 기획안 예시 ♧

시간	진행순서	진행내용	비고
	도입 및 분위기조성	■ 진행자 소개 및 인사말 ■ 상호간 인사(만나서반갑습니다) ■ 박수게임(계단박수, 껌박수, 빨래 ■ 가위 바위보 챔피언 ■ 건강박수 ■ 손가락 제식훈련/반대말 반대동작	전체가 적극 참여 하도록 유도 음향시설 상품점검
	스킨쉽게임 (핸드게임)	■ 자동차 운전 안마 ■ 고추먹고 맴맴, 아버지는 나귀타고 ■ 8-4-2-1 스킨쉽 ■ 반갑다 친구야!(모르는사람00명과..) ■ 노래를 이용한 안마게임	
	노래율동 모션송 (파트너율동)	■ 개똥벌레 ■ 과수원길 ■ 짠짜라 ■ 복싱댄스(Champion) ■ 앞으로, 싹트네, 사랑해 ■ 올챙이와 개구리, 개구리노총각 ♣ 손유희 – 햄버거아저씨 가위 바위 보~ 주전자, 옥토끼	– 집중된 분위기를 흥겹고 즐거운 노래와 함께 모션을 더하여 한마음이 되도록 한다.
	파트너게임 및 팀웍게임	■ 꼬마생쥐(아삭아삭 북북...) ■ 고개돌려 마음의 일치, 칭찬하기 ■ 손등때리기(토끼와 거북이) ■ 사랑의 고리(잡아!), 훌랄라 ■ 신문지 모델, 글씨맞추기(노래제목) ■ 넌센스 퀴즈, 모션퀴즈, ■ 손수건돌리기, 무조건붙어라	– 스킨쉽을 통해 일체감을 조성하고 서로를 존중하는 자세를 갖는다. – 팀원간에 협동과 적극적인 화합의 정신나눔
	레크댄스	■ 우리모두 다같이 ■ 반갑습니다. ■ 인사댄스(안녕하세요 누구시더라..) ■ 킨더폴카 ■ 월드컵송에 맞추어	♣ 건강댄스 율동 세상 사람들이 모두가 천사라면
	마무리	■ 정리멘트 및 합창, 이별송, 코리아 (전체원을 만들어..) 돌림악수	마음과 마음 나누기

<table>
<tr><th colspan="2">도입 및 분위기 조성 프로그램</th></tr>
<tr><td>진행자소개
및 인사말</td><td>♣ 박수로 분위기 유도
건강한 사람은 10초동안 박수를 30번 이상 친답니다. 10초를 정확히 재겠습니다. 손뼉을 30번 치신 분은 두 손을 높이 들어 흔들어주세요!
(이렇게 환영해주셔서 감사합니다.)
오른손 들면 박수를 왼손을 들면 함성을.. 두 손을 들면?
(열렬한 환영에 감사합니다.~)</td></tr>
<tr><td>상호간 인사</td><td>♣ 옆사람과 친교인사
만나서 반갑습니다(오른손악수)-인상이 참 좋아보이십니다(왼손악수)
-건강하세요(서로 어깨주무르기)- 사랑합니다(안아주며)
- 잘해봅시다(하이파이브)</td></tr>
<tr><td>박수게임</td><td>♣ 계단박수
박수준비(오~예!) 박수한번 시작! 2,3,4,3,2,1의 숫자순으로 치게 유도
계단박수 시작! 하면 위의 순으로 치게 한다.
(두팀으로 나누어 팀웍유도)

♣ 빨래박수 (동작을 반복하여 신나는 음악에 응용)
무릎2회 손뼉2회(기본)- 빨래빨고(좌우2번씩 4회)-기본
빨래짜고(좌우2번씩 4회)- 기본- 빨래털기(~)-기본-빨래널기(~)
♣ 껌박수 - 세계여러나라 껌박수</td></tr>
<tr><td>가위 바위 보
챔피언 게임</td><td>♣ 진행자와 참여자가 다함께 가위, 바위, 보를 한다.
진행자가 유도하는데로 지시를 따른다.
(예, 저한테 이기신분 앉은세요.-이번엔 지신분은 앉으세요
-이번엔 비기신분 앉으세요. ..마지막 이기신분께 oo를 드립니다.)</td></tr>
<tr><td>건강박수</td><td>건강박수(즐거운 노래와 함께 박수치기)
파트너와 마주앉아 박수 마주치기
손바닥전체- 손가락- 주먹- 손목- 손끝- 등뒤로...응용</td></tr>
<tr><td>손가락
제식훈련</td><td>♣첫구령- 손앞으로!(양손을 앞으로 내민다)
손가락을 벌리면 열중쉬어, 모으면 차렷이 된다.
앞으로 가(양손을 차례로 앞으로내민다) - 제자리에 서(양손멈춤)
- 뒤로돌아(양손바닥을 얼굴로 향한다) - 바로(멈춤)-우향우
(옆사람 등을 향하여)- 앞으로가 -뛰어가(달려가듯 두드리기)</td></tr>
<tr><td>반대말
반대동작</td><td>따라합니다: 위로-아래로, 하늘-땅, 큰공-작은공, 어흥-으스스스...
반대로 합니다 - 위의 멘트를 반대로 따라한다.</td></tr>
</table>

노래율동 & 모션송	
개똥벌레 (혼합형율동) 기본형과 가사형 혼합	아무리 우겨봐도 어쩔수 없네 저기 개똥무덤이 내 집인걸.. 가슴을 내밀어도 친구가 없네 노래하던 새들도 멀리 날아가네 가지마라 가지마라 가지말아라 나를 위해 한번만 노래를 해주렴 나나 나나나나 쓰라린 가슴안고 오늘밤도 그렇게 울다 잠이든다 * 무릎두번 손뼉두번- 가사율동
과수원길 (가사형율동)	동구밭 과수원길 아카시아꽃이 활짝폈네 하얀꽃 이파리 눈송이 처럼 날~리네 향긋한 꽃냄새가 실바람타고 솔~솔 둘이서 말이없네 얼굴마주 보며 쌩긋 아카시아꽃 하얗게 핀 먼 옛날의 과수원길~ 과수원~길 *전주- 쿵짝짝 쿵짝짝(무릎1-손뼉2)
짠짜라 (혼합형)	반짝빤짝 반짝이는 밤하늘의 별을 보며 우리사랑 변치 말자던 그 약속 잊으셨나요 날 갖고 장난 쳤나요 사랑이 그런건가요 이리저리로 왔다 요리저리로 갔다 아직도 헷갈리나요~ 짠짠짠하게 하지 말아요 말없이 그냥 가세요 짠짠짠 이제 울지 않아요 잘가요 안녕 내사랑 * 전주- 무릎2 손뼉 2 찌르고 찌르고~
개구리노총각 (가사형)	저건너 조그만 호숫가에 아-하 이-히 개구리 노총각이 살았는데 아-하 이-히 사십이 다되도록 장가를 못가 안간건지 못간건지 나도 몰라 몰라 아싸아싸 몰라 아-싸 몰라
햄버거아저씨	1. 햄버거아저씨 햄버거주세요 한 개만 빨리 주세요 작은거 말구 큰걸로 주세요 케찹도 뿌려주세요(쭈~욱) 2. 떡꼬치아저씨... 고추장도 발라주세요(쓰~윽) 3. 핫도그아저씨.. 4. 계란아저씨.. 소금도 뿌려주세요(콕!)

Tip-
지도대상에 맞는 가사와 곡을 선정하여 노래율동과 모션을 만들어 보세요.

라운드게임(둥글게 원을 이루어 진행)	
과일바구니	1.시작점(기준을 두고)에서 차례로 사과- 배- 귤- 감 -사과 -배-귤-감(반복) 과일 이름을 차례로 정한다. 2. 노래를 부르다가 진행자가 외치는 과일 이름의 참가자는 자기자리에서 일어나 다른자리로 이동한다. "배" "사과"... 단, "과일바구니"라고 외치면 모든 사람이 일어나 자리를 바꾼다. 3. 이때 자리에 앉지 못한 사람은 벌칙을 받고 진행을 한다.
네 이웃을 사랑하십니까	원안에 진행자(술래)가 들어가 질문을 한다. 1. 네 이웃을 사랑하십니까? 2. 네~라고 대답하면 : 대답한 사람의 좌우옆에 있는 사람이 자리를 바꾸어야함.(이때 술래가 자리에 끼어듬) 아니오 라고 대답하면: 그럼 어떤이웃을 사랑하십니까? 라고 다같이 물어봄. 예를들어, 귀걸이 한사람을 사랑합니다. 하면 귀걸이 한사람들은 모두 자리를 바꾼다. 3. 자리를 바꾸었을때 자리를 차지하지 못한 사람이 다시 술래됨.
손님 모셔오기 게임	1. 처음에 자리 하나를 비워 놓고 시작한다. 2. 비워놓은 자리의 좌우에 앉은 사람들이 손을잡고 일어나 아무나 손을 잡고 일으켜 빈 자리로 데려온다. 이때, 또 빈 자리가 생기면 똑같이 게임이 진행된다. 3. 노래(퐁당퐁당, 산토끼,...)가 끝났을때 자리에서 일어나 있는 사람이 술래가 된다.
꽥꽥이게임	1. 게임 시작점을 정해주고 한쪽 방향으로 꽥!을 외친다. 이때, 소리내는 방향으로 얼굴을 돌리며 진행! 꽥!- 꽥-꽥.... 2. 방향을 바꿀땐 꿀! 이라고 외친다. 3. 걸린 술래에게 벌칙을...
바보게임	1단계: (기본) 무릎-손뼉-숫자 (이때 말소리와 손가락수가 일치하면 안됨.) 2단계: (기본) 옆사람이 말한숫자 대면 안됨. 3단계: (기본)옆사람이 말한것은 손가락으로 대고 말은 다르게

파트너 게임 및 팀웍게임	
팀 파 워 게 임	1. 팀정하기 (25명기준 5~6명정도/ 4팀) 2. 팀이름정하기(너나잘해, 내가최고, 멋져멋져, 삼팔광땡...) 3. 역할정하기 고문: 자기팀에서 가장 멋진사람 손가락으로 멋쟁이~라고 가리키면 결정됨. 열심히 고문할 수 있는 권한가짐^^ 팀장: 고문에게 뒷통수 맞은 사람으로 임명됨. 비서: 팀장 도와줄 수 있는 따까리 임명(팀장에게뒷통수맞은) (실제적으로 잘 나서지 않는사람이 리더 역할의 기회를 가짐)
	4. 전체 팀구호연습(박수준비 오예! 곤지박수 시작!) 곤지곤지 짝짝 잼잼짝짝 도리도리 짝짝- -곤지 짝 잼 짝 도리짝 -곤지 잼 도리 짝짝!!! 5. 팀구호와 곤지박수 대결(한팀씩) 6. 구호게임: 내가 최고 나왔다! 멋져멋져나와라!- 멋져멋져나왔다! 너나잘해 나와라.....)
사탕따기 게임	7. 팀이구동성게임 산이름, 강이름, 과일이름, 탕이름, 나라이름.....말하기 8. 시장보기게임: 각조원들이 팀웍을 이루어 진행자가 제시하는 물건을 빨리가져 오면 점수를 준다(따까리역할) 제시어- 동전(10원짜리 오래된것, 2005년 100원짜리 동전 500원짜리 뒷짜리 숫자합이 큰수...), 거울, 각조 지폐만원짜리 한 장씩(가지고 나온 지폐는 우승팀에게 모두 주겠다고 하면 더욱 게임이 치열해짐 우승팀이 결정되면 리더에게 상금으로 주었다가 다시 각조에게 나눠주도록 유도함)
	9. 만보기게임 테크노 음악이 두곡 정도 끝날 때 까지 조원이 돌아가며 만보기를 발에 끼우고 흔든다. (만보기 번호 높은 팀에게 사탕 차등 점수)

<table>
<tr><th colspan="2">파트너 게임 및 팀웍게임</th></tr>
<tr><td></td><td>♣ 누가오래하나 게임 ♣
10. 패활량 좋은 분 나오세요(목소리 큰사람이 이기는 게임)
된장~ ~~~~~~~~ 설농탕~~~~~~ 국수~~~~~~~~
할렐루야~~~~~~ 아빠 힘내세요~~~~~ 엄마사랑해요~~~~

11. 목소리 좋은 분 나오세요(똑똑한 음성)
각조에서 나온 사람들을 둘씩 짝지워서 진행
새우깡: 웃지 않고 코를 찌를 듯이 가르키며
새-우-깡-새-우 깡-.....
번데기: 웃지않고 눈을 부릎뜨고..
번-데-기-번-데-기-번-데-기.....
결 승 : 웃지않기 대결. 선서! 나는 절대로 웃지 않겠습니다.ㅠㅠ
(하- 하하-하하하-하하하하-하하하하하...)

12. 코를 잘 고시는 분 나오세요
코끼리 아저씨: 노래를 부르다가 노랫말 단어중 '코'가 나오면 코고는 소리를 박력있게 낸 사람팀이 우승

13. 웅변대회(웅변왕 뽑기)
산토끼: 산토끼 노래를 웅변하듯이 액션을 가미한다.
팀원은 환호와 박수로 응원</td></tr>
<tr><td>게 임
마무리</td><td>14. 엎어게임
팀별로 딴(모은) 사탕을 조원끼리 세어보고 각자 나누어 갖는다
♣ 사탕따기: 자유롭게 돌아다니다가 다른 조원과 사탕을 걸고 '가위바위보'해서 사탕따기.
♣ 사탕따기 결승: 조별로 모아둔 사탕을 다른조와 사탕을 걸고 '가위바위보'해서 다시 사탕따기.
대량의 갯수를 걸수록 흥미진진함.
♣ 마무리: 사탕따기에 우승한 팀이 상금을 받는다.
상금은 다시 각팀에 나눠주도록 유도한다
(아깝게 2등한 팀에 만원, 열심히 한 3등팀에 만원,
꼴등해서 속상하니까 만원....^^)</td></tr>
</table>

인기 레크리에이션댄스 (레크댄스)		
1. 인사댄스 울릉도트위스트	안녕하세요(악수)-누구시더라(펭귄) -000입니다(영구)-반갑습니다(무릎-손뼉-짝) -팔끼고돌기(8박자)-박수치며 파트너체인지(8박자)	4/4박자 흥겨운 리듬 2인대면 자유형
2. 가위,바위,보 댄스 얼굴찌푸리지 말아요	(댄스대형시 -남자 원안 여자 원밖) 하나둘셋 짝(-둘둘셋짝-한바퀴 돌고 가위바위보!- 진사람이 어깨 주물러주기(8박자)-	더블써클 혹은 자유형- (둘이마주 보고)
3. 킨더폴카 (포크댄스응용)	안으로안으로 제자리-밖으로밖으로 제자리- 안으로 안으로제자리- 밖으로밖 으로제자리- 무릎손뼉 짝짝짝 -무릎손뼉 짝짝짝-칼싸움-칼싸움-팔짱끼고 파트너체인지 변형) (무릎손뼉 가위바위보)* 2번-가위바위보 진 사람이 이긴사람 마주본 상태에서 안마(8박자)-남녀 가던 방향으로 직진하여 파트너 체인지	일렬원
4. 월드컵송 레크댄스	*두명이 마주보고 두손 잡고 오른발차고 왼발 차고 반바퀴 돌고-오른발차고 왼발 차고 반바퀴 돌고(원상태에 옴)- 오른손(짝짝짝)- 왼손(짝짝짝)- 두손(짝짝짝)- 손뼉(라싸)-박수치며 파트너체인지(8박자)	2인 대면
5. 마카레나 (건강체조)	오른손쭉 왼손쭉-오른손뒤집고 왼손뒤집고-오른손 왼팔위에 놓고 왼손은 오른팔위에-오른손 오른쪽 머리에대고 왼손은 왼쪽머리에-오른손 허리에 왼손허리에- 오른손 엉덩이에 왼손 엉덩이에- 엉덩이흔들며 방향바꾸기 * 반복	다양한 대상연령
6. 십오야 (노인건강체조)	진행방향 바깥쪽 발부터 4번스텝(앞으로 4스텝 다시 뒷걸음으로 후진 4스텝(뒤로 4스텝) 마주봄과 동시에 손을마주밀며 뒤로 4스텝 앞으로 4스텝 손뼉 마주대고 전진방향 2스텝 제자리로 2스텝	2인댄스 대형으로 안쪽손잡고 시작

지역사회와 함께하는 레크리에이션 프로그램 진행			
구분	내용	시간	준비물
인사나누기	* 당!신!멋!져!인사나누기	5	
엔돌핀 나누기	* 엔돌핀 나누기 – 만나서 반갑습니다	10	
	* 파워 율동–코리아		
	* 신나는 리듬에 맞춰 – 휘바람불며, 짠짜라		
파트너 게임	* 파트너와 함께–인상이 참 좋으십니다	10	
	* 8–4–2–1게임		
웃음치료	* 박장대소 체조–시골영감	10	
팀빌딩	* 팀파워 – 팀장선출, 팀구호, 팀역할 나누기	20	
	* 능력테스트–달려라 하니		만보기
대표자 게임	* 박장대소 웃음 파이팅	50	
	* 숫자게임		
	*가장 좋아하는 음식은?		
	* 빨리 빨리 벗기기		스타킹
	* 웅변대회 – 산토끼		
한마음	* 레크댄스 – 안녕하세요	10	
	* 한마음 체조 – 군밤타령		

♧ 레크리에이션 진행안 기획 ♧

주제:

대상: (   ), 소요시간:(   ), 장소(   )

시간	진행순서	진행내용	비고/준비물
	도입 및 분위기조성		
	스킨쉽게임 (핸드게임)		
	마무리		

☆ 대상과 진행시간을 설정해보고, 실제 진행시에 할 수 있는 프로그램 내용을 기획해보세요.

부록 4

☆ 제스쳐 카드 (잘라서 활용하세요!)

연날리기

말뚝박기

탈 춤

강강수월래

삐 에 로

에어로빅

수중발레

치어리더

번지점프

눈 사 람

널 뛰 기

회전목마

그 네

미끄럼틀

허 들

뜀 틀

마 라 톤

디 스 코

탱 고

☆ 동물카드

고슴도치	다 람 쥐
돼 지	올 챙 이
캥 거 루	오 리
펭 귄	개 구 리
돌 고 래	여 우
닭	독 수 리
사 자	고 양 이

고슴도치

다람쥐

돼지

올챙이

캥거루

오 리

돌 고 래

펭 귄

닭

독 수 리

사 자

고 양 이

개 구 리

여 우

호 랑 이

☆ 속담카드

귀에 걸면 귀걸이 코에 걸면 코걸이	닭 쫓던 개 지붕만 쳐다본다
티끌모아태산	아닌 밤중에 홍두깨
아니 땐 굴뚝에 연기나랴	돌다리도 두들겨 보고 건너라
백지장도 맞들면 낫다	쥐구멍에도 볕뜰날 있다
낮말은 새가 듣고 밤말은 쥐가듣는다	천리길도 한걸음부터
바늘도둑 소 도둑된다	될성싶은 나무는 떡잎부터 알아본다
오르지 못할 나무는 쳐다보지도 말라	원수는 외나무다리 에서 만난다

티끌모아태산

아닌 밤중에 홍두깨

아니 땐 굴뚝에
연기나랴

돌다리도 두들겨
보고 건너라

백지장도 맞들면 낫다

쥐구멍에도 볕뜰날 있다

낮말은 새가 듣고 밤말은 쥐가듣는다

천리길도 한걸음부터

바늘도둑이 소
도둑된다

될성싶은 나무는
떡잎부터 알아본다

오르지 못할 나무는
쳐다보지도 말라

원수는 외나무다리
에서 만난다

참고문헌

강봉화(2002). 여가론과 레크리에이션의 이해. 보경문화사

권미란 · 백주하(2011). 유아레크리에이션. 서울: 창지사

권오진(2005). 아빠의 놀이혁명. 웅진주니어

김영심(2003). 유아를 위한 놀이속의 움직임 교육. 대경북스

김경철(1987). 여가와 레크리에이션. 보경문화사

김명조(2003). 레크리에이션 원리. 형설출판사

김은심(2004). 유아동작교육의 이론과 실제. 창지사

김주아 · 채경선(2007). 아동정신건강. 창지사

김형근(2001). 파워레크리에이션. 참미디어

구종회(2004). 사회복지와 레크리에이션. 신흥메드싸이언스

박찬옥외(2004). 유아놀이지도. 학문사

박상욱(2007). 레크리에이션 매뉴얼. 태학원

박세혁(2004). 119레크리에이션. 화인미디어

박영숙(2004). 여가레크리에이션 사회교육. 대한미디어

배인자 · 한규령(2002). 동작교육의 이론과 실제. 양서원

손원호(2004). 유아체육교육의 이론과실제. 창지사

안을섭외(2006). 유아체육교육. 창지사

이순애(2006). 레크리에이션. 교문사

이영심(2000). 손동작과 동작놀이. 창지사

장진원외(2005). 레크리에이션지도. 도서출판 럭키

전남련외(2004). 유아전통교육. 창지사

조재숙(2007). 노인복지레크리에이션. 창지사

최혜순(2007). 유아사회교육. 동문사

항정은(1998). 교육진행총서. 도서출판 로얄이벤트

Arnold, S.(1991). The dilemma of meaning. In T.L. Goodale, & P.A.Witt (Ed.), Recreation and leisure: Issues in an era of change(pp.5-20). State College,PA: Venture Publishing.

Godbey, G. (1994). Leisure in your life: An exploration(4thed.). Pennsylvania: Venture Publishing.

Winther, N. R.(1989). Recreation:An agent of social change. Recreation Chnada.47(5), 19-23.

저자소개

| 남 효 순 |

• 학력 및 경력

가천대학교 대학원 문학박사(유아교육전공)

전) 가천대학교 평생교육원 아동학과 교수 역임

현) 가천대학교, 을지대학교, 동남보건대학교,
장안대학교, 경희사이버대학교 외래교수
사단법인 한국대학레크리에이션협회 전문위원
유치원 1급 정교사, 레크리에이션 1급 지도자 자격

• 주요 사회활동

세살마을연구원 부모교육 강의교수

행복교육연구소 수석연구교수

유아교육기관 교사 직무연수 특강 다수

• 주요저서 및 논문

유아체육

유아와 교사를 위한 동작교육

놀이와 레크리에이션

뇌기반교육에 기초한 유아신체활동 프로그램의 개발과 효과

영상자극유형에 따른 유아의 정서안정성과 스트레스에 관한 연구

손자녀 양육에 참여하는 조모의 이미지에 관한 연구

• E-mail

nhs9012@empas.com

본 교재에 관련된 문의나 레크리에이션 지도자 자격연수 및
손유희 강습이 필요하시면 협회 및 저자 이메일로 문의하여 주십시오.

한국대학레크리에이션협회 02)2207-5532
www.recunikorea.or.kr

유아교사와 지도자를 위한
레크리에이션 놀이지도

2014년 01월 15일 인　　쇄
2014년 01월 20일 초판발행

지은이 남효순
펴낸이 이무형
펴낸곳 태학원

신고번호 제406-2012-000070호(1988년 1월 23일)
주소 경기도 파주시 탄현면 장릉로 49번길 26, 나동
전화 031-941-4136
팩스 031-941-4135

가격 20,000원

ISBN : 978-89-92832-71-7 13370